KB077965

**재난에 맞서는
과학**

박진영

열린연단 문화의

민음사

재난에 맞서는
과학

■ 3년 넘게 직접 가습기살균제를 사용했기에 줄곧 참사에 대한 뉴스를 따라 읽었다. 바로 곁에서 일어난 일인 것만 같았다. 이 책을 읽고 나서야 피해자와 시민사회와 전문가가 어떻게 연결되었고 어떤 난항에 맞닥뜨렸는지 선명히 보인다. 과학이 번쩍이는 첨단의 즉효책이 아니라 함께 사고하는 방식으로 우리에게 스며들기를, 끊어내는 벽이 아니라 내미는 손이 되기를 간절히 바라게 된다. 재난 속에 있었던, 재난을 목격했던 모두에게 권한다.
— 정세랑(『보건교사 안은영』 저자)

■ 박진영은 '이런 연구를 하는 의미가 무엇인가?'라는 실존적 질문을 스스로 던지는 연구자다. 연구자의 성찰은 광범위한 재난의 전 과정에서 우리가 느끼는 모호함과 막연함을 재구성하는 강력한 동력이다. 각자의 재난 경험을 현장에서 만나고, 이로부터 날카로운 질문을 던지는 이 책은 우리 사회가 재난에 맞서기 위해 고심해야 할 지점을 구체적으로 펼쳐 보인다. 오늘날 과학기술의 의미를 찾고, 행동하기 위한 담론을 만드는 모든 사람을 위한 책이다.
— 백도명(서울대 보건대 명예교수·환경보건시민센터 공동대표)

재난과 살아가기

이 책은 가습기살균제 참사를 다룬다. 과학기술과 환경, 위험과 재난을 연구하는 일을 업으로 하는 나는 학위논문을 쓰는 몇 년 동안 이런 질문을 자주 받았다. "왜 이 주제로 학위논문을 쓰나요?" "어쩌다 이런 주제를 선택했어요?"

　질문을 한 사람들은 가습기살균제 인체 영향을 연구하는 연구자이기도 했고, 일로 알게 된 사이이기도 했고, 가까운 친구이기도 했다. 오랜 친구는 내밀한 속내를 캐물을 때처럼 술기운을 빌려 말을 꺼냈다. 누군가는 조심스러운 말투로 혹시 가습기살균제를 사용한 적이 있느냐고 물었다. 그럴 때마다 나의 대답은 비슷비슷했다. 우연한 기회로 가습기살균제 참사 연구과제에 참여했고, 학위논문으로 연구를 더 해 보고 싶은 생각이 들어서 이 주제를 선택했다고.

어떤 연구자가 같은 질문을 했을 때는 내 쪽에서 되묻기도 했다. "선생님도 관련 연구를 하고 있지 않으신가요?" 그는 특별히 사명감을 가지고 참여하고 있는 건 아니고 한번 시작하니 계속 비슷한 주제를 보게 됐다며, 때로는 사람들의 기대가 부담스럽기도 하다는 말로 복잡한 마음을 내비쳤다. 그 대답을 듣고 나도 비슷한 생각을 했다. 어쩌다 보니 이 연구를 하고 있지만 결국 누가 시켜서가 아니라 내가 선택한 것인데……. 나 역시 때로는 이 주제의 무게가 버겁다.

개인적인 호기심, 흥미, 재미는 중요한 연구 동기이지만 어떤 주제는 그 사안을 들여다보는 연구자에게 조금 더 자주 연구를 하게 된 합당한 이유를 요청한다. 나는 왜 환경피해와 재난을 연구할까? 내가 기억하는 한 나는 가습기살균제를 사용한 적이 없고, 산업단지 주변이 아닌 대도시에 살고 있다. 유해 물질이 검출되어 논란이 된 특정 브랜드의 일회용 생리대는 꽤 오랜 기간 사용했다. 환경재난을 연구하려면 무언가 특별한 이유가 필요한 걸까? 스스로 품은 의문을 말끔히 해소하지 못하다가 소설 속 한 대목을 읽으며 강렬한 감정과 만났다.

> "너 그거 알아? 세상에 존재하는 거의 모든 안전법들은 유가족들이 만든 거야."
> "정말?"
> "몇백 년 전부터 그랬더라. 먼 나라들에서도 언제나 그랬더라."[1]

주인공들의 말은 이렇게도 바꿔 말할 수 있다. 세상에 존재하는 어떤 물질과 제품의 영향에 관한 과학은 피해자와 유가족이 만든 것이라고.

참사 후에야 만들어지는 지식

사람이 다치고 병들고 죽고 나서야 만들어지는 지식이 있다. 수은의 중독성은 일본 미나마타만의 물고기가 집단폐사하고 신체가 마비된 사람들이 나타나고 나서야 알려졌다. 독일 제약사 그뤼넨탈이 판매한 입덧 방지약 탈리도마이드는 1만여 명의 기

---

1   정세랑, 『피프티 피플』(창비, 2016), 274쪽.

형아가 탄생한 후에야 인체 영향 조사를 시작했고 훗날 판매가 금지됐다. 가느다란 섬유 모양의 광물인 석면은 절연성과 내연성이 뛰어나 천장 자재로 널리 쓰였지만, 폐암과 악성중피종을 일으킨다는 사실이 알려지면서 1990년대부터 전 세계적으로 규제됐다. 한국에서 석면 사용이 금지된 것은 2006년 일이다.

가습기살균제 참사는 어떨까. 이 환경재난에 따라붙는 수식어는 '안방의 세월호 참사', '단일 사건으로 가장 많은 사람이 죽은 참사' 등이다. 참혹한 문구와 달리 사회적인 반응은 그만큼 뜨겁지 않다. 2023년 10월 말까지 가습기살균제 피해를 신고한 7877명 중 1835명의 사망이 확인되었다. 재난으로 유명을 달리한 무수한 이들을 대신해 보도되는 1명이라는 숫자와 이태원 참사 사망자 158명, 세월호 참사 사망자 304명이라는 숫자는 우리 사회에 씻어 낼 수 없는 상처를 입혔다. 그런데 1835명은 수가 너무 커서인지 한 번에 일어난 일이 아니어서인지 그만큼 심각한 일로 느껴지지 않는다. 나조차 아직 이 수치를 어떻게 설명해야 할지 모르겠다. 많은 사람이 가습기살균제 문제가 이미 해결되었다고 생각하거나 지금도 계속되는 피해자의 고통과

삶에 대해 잘 알지 못한다. 지난 10여 년간 이 재난에 대응하기 위해 많은 사회적 자원이 투입되었고, 소기의 성과를 거두기도 했다. 그러나 2022년 4월 조정위원회의 조정 결렬 이후 가습기살균제에 관한 논의는 소강상태에 접어들었다.

수많은 피해를 겪은 후 비로소 형성되는 지식들. 왜 제품을 판매하기 전에 인체 영향을 확인하지 않는 것일까? 왜 피해가 확인된 후에도 인체 영향을 인정받지 못하는 것일까? 대답은 늘 비슷하다. 정부는 새로운 물질이 끊임없이 쏟아지는 상황에서 모든 물질의 유해성을 확인하고 규제할 수 없다고 말한다. 기업은 자체 연구소나 외부 시험 기관에서 적법한 유해성 평가를 진행하고 있으며, 더 싸고 합리적인 원료로 신제품을 개발하는 것이 기업의 일이라고 한다. '안전성이 확인되지 않았다는 것은 확실한 유해성이 없다는 뜻이니 안심하고 사용해도 된다.' '안전성이 확인되지 않았다면 안전하지 않은 것이니 사용을 막아야 한다.' 늘 평행선을 그리는 말들이다.

누군가의 말대로 대한민국은 규제 공화국이며 경제 살리기를 등한시하는 나라일까? 대선 때마다 등장하는 규제 개혁안은 정말 필요한 것일까.

"국가에서 혁신기술을 규제로 막아 버리면 아무리 우리가 하고 싶어도 국내에서 더 이상 기술 개발을 할 수가 없다." 머리를 감기만 하면 염색이 되는 샴푸로 선풍적인 인기를 끈 한 기업의 대표는 제품 원료인 1,2,4-트리하이드록시벤젠(THB)에 대한 식품의약품안전처 규제를 비판하며 이렇게 말했다.[2] 미국 같은 나라로 본사를 옮길지 고민하게 되는 상황이 매우 안타깝다고도 했다. 2022년 국정감사에서 식약처장은 THB 성분에 유전독성이 없다고 할 수 없다며 제조와 취급에 주의를 기울여 달라고 당부했는데, 이러한 지적에 대표는 해당 성분에 유전독성이 없다는 내용을 다룬 SCI급 논문을 준비 중이라고 답했다. 샴푸를 장기 사용한

2　방영덕, 「"이대로 한국 떠나야 하나"…식약처와 대립 논란 중심에 선 모다모다」, 《매일경제》, 2022년 1월 29일. 식약처는 1,2,4-THB 성분에 DNA나 염색체를 손상시키는 유전독성이 있다고 판단했다.

뒤 인체에 유해성이 있다고 확인되면 보상할 의사가 있느냐는 국회의원의 질문에는 "부작용 사례가 나오면 충분히 보상하겠다."라고 말했다.[3]

부작용을 겪은 뒤에 충분히 보상하겠다고 약속하면 그만일까? 부작용이 있을지 없을지를 충분히 확인한 뒤에 제품을 팔면 안 되는 것일까. 대표의 발언에서 보듯 과학은 어떤 물질이 유해하지 않다고 주장하는 데 쓰인다. 과학적인 연구 결과를 근거로 기업은 제품 안전성을 증명하며 규제를 피한다. 그런데 과학은 피해가 있다는 사실을 밝히기 위해서도 필요하다. 유해성을 둘러싼 논쟁은 정교한 실험을 끈기 있게 진행해 나가는 실험실에서도, 또 관련자에게 책임 있는 조치를 요구하는 거리에서도 벌어진다. 이때 과학은 사실을 근거로 부정의를 바로잡는 중요한 역할을 한다.

오늘의 과학은 절대적인 원리가 아니라 구체적인 상황에서 시작한다. 나는 이렇게 과학을 확장해서 볼 수 있는 귀중한 자원을 과학기술학과 환경사회학에서 얻었다.

---

3   박정연, 「모다모다 대표 "장기 부작용 나오면 보상할 것"…식약처 국감서 답변」, 《동아사이언스》, 2022년 10월 7일.

과학기술학 연구는 특정 맥락에서 형성되고 사회 변화에 영향을 끼친 과학에 이름을 부여한다. 청부과학에 관한 연구는 기업이 생산하고 의지하는 과학이 자본과 권력에 포섭된 양상을 포착한다. 한편 대중역학,[4] 거리과학,[5] 대항지식[6] 등의 개념은 피해를 증명하는 과학으로 기업에 맞서는 피해자, 시민사회, 전문가의 활동을 분석한다. 이렇게 과학기술학 연구는 과학 연구가 실험실이라는 진공 상태에 있지 않으며 여러 사회적 요소의 영향을 받아 만들어진다는 점을 드러낸다.

그리고 환경사회학 연구는 자본과 권력으로 인해 기울어진 운동장에서 환경 운동이 얼마나 힘든 길을 거쳐 왔는가를 보여 준다. 겉보기에 과학 내부의 문제로 보이는 과학 대 과학의 대립 구도는

---

4 Brown, P., "Popular epidemiology and toxic waste contamination: lay and professional ways of knowing," *Journal of Health and Social Behavior* Vol.33 no.3(1992), pp.267~281.

5 Corburn, J., *Street science: community knowledge and environmental health justice*(Cambridge, MA: MIT Press, 2005).

6 김종영, 「대항지식의 구성: 미 쇠고기 수입반대 촛불운동에서의 전문가들의 혼성적 연대와 대항논리의 형성」,《한국사회학》제 45권 1호(2011), 109~152쪽.

자본과 권력의 문제와 깊숙이 연관되어 있다. 유해성 여부를 두고 경합하는 두 진영의 과학은 그러한 과학을 지원하는 자본 대 자본, 권력 대 권력의 싸움으로 치환될 수 없으며 정치 대 정치로 소급되지도 않는다. 과학 대 과학의 구도는 정치와 자본과 권력에 얽힌 두 과학의 싸움으로 접근해야 한다.

틈을 보는 연구자

지금껏 우리 사회의 여러 재난을 통과하며 우리는 나름의 사회적 책임감과 시민 의식을 체득해 왔다. 그 가운데에서 나는 과학을 중심에 두고 더 안전한 사회가 되기 위해 무엇을 해야 할까를 생각한다.

보통 과학은 물리학, 화학, 생물학, 지구과학과 같은 특정 분과의 지식으로 이해되지만, 과학기술학이 발견한 새로운 이름의 과학들은 과학이 실험실에서 이루어지는 활동 이상으로 다양한 속성을 지닌다는 점을 펼쳐 보인다. 가습기살균제 참사를 둘러싼 10여 년 동안에도 상황의 국면마다 다른 모습의 과학이 등장했다. 더 확실한 증거를 찾는 과학, 피해자를 확인하려는 과학, 정책 결정의 근거가 되는 과학, 행동이 필요한 과학, 기록하기 위한 과학, 문제를 해결하기 위한 과학……. 과학의 면면을 이해하는 일은 재난이 일상화된 현대 사회에서 우리가 할 수 있는 것을 찾는 과정이기도 하다. 비록 누군가 병들고 죽은 후에야 연구되지만, 그 과정을 거쳐야만 죽음의 원인을 알 수 있기 때문이다. 또 과학은 기업에 피해 보상을 요구하는 자료로 쓰이거나 앞으로 어떤 건강 영향이 추가로 발생할지, 다른 재난을 예방하기 위해서는 무엇을 더 연구해야 하는지를 가늠하게 한다.

　과학에 여러 이름이 붙을 수 있는 것처럼 전문성에도 다른 이름을 붙일 수 있다. 나는 환경재난을 연구한다. 환경 과학을 직접 연구하지는 않지만 그 과학에 대해 말할 수 있다. 또 환경재난의 정책이나 법을 만드는 데 직접 참여하지는 않으나 재난이후 우리 사회가 어떻게 바뀌어야 하는지, 사안의 관계자들이 어떻게 생각하는지를 설명할 수 있다. 과학과 정치와 법의 경계에 선 연구자의 장점은 틈을 볼 수 있다는 것이다. 그 틈을 기회로 바꿀 수 있는 능력이 과학과 환경문제를 보고 쓰는 사람들이 지닌 전문성이다.

　더 안전한 사회를 위한 과학은 과학자나 연구자의 전유물이 아니다. 무엇이 더 연구되어야 할지,

어떤 증상을 더 조사해야 할지에 관해 피해자, 시민, 정부, 국회 모두가 요구해야 한다. 이러한 변화를 위해 이 책이 던지는 질문은 다음과 같다. 물질과 제품의 유해성에 관한 지식은 어떻게 만들어질까? 이렇게 만들어진 지식을 어떻게 바라보아야 할까? 이 지식은 우리 사회에서 어떤 역할을 하고 있을까? 이러한 지식을 만든 사람들은 누구인가?

재난에 맞서 온 과학

이 책은 가습기살균제 참사를 1990년대에 처음 제품 개발을 준비하던 때부터 2023년 현재까지 이어지는 광범위하고 장기적인 재난으로 이해한다. 가습기살균제 사용자가 겪은 비가역적인 피해는 전문가의 조사를 통해 윤곽이 선명해졌다. 하지만 가습기살균제 피해가 사회적으로 인정받고 정당한 보상을 받는 문제는 과학적 인과관계나 가해자 대 피해자라는 힘의 논리 어느 한쪽으로 설명되지 않는다. 가습기살균제 참사는 과학과 정치가 부딪치는 장이다.

본문에서는 실험실 밖을 나온 과학이 사회에서 드러내는 독특한 모습들을 만나 본다. 1장 '신호를 무시하다'는 가습기살균제가 가족의 건강을 지키는 제품으로 등장한 20세기 말에서 시작한다. 가습기살균제로 인한 공식적인 피해는 2011년도부터 기록되었지만 참사를 예고하는 경고 신호는 지난 세기부터 울리고 있었다.

2장 '불확실성에 다가가다'는 사건에 대응할 '골든 타임'을 놓친 이유가 드러난다. 여러 분야의 과학자들은 어째서 반년이 넘도록 급성 폐 질환의 원인을 합의하지 못했을까? 정부는 왜 위험을 눈앞에 두고도 적극적으로 행동에 나서지 않은 것일까? 이어지는 3장 '참여하는 전문가'는 피해자와 시민사회, 전문가의 연대체가 과학 지식의 공백에 대처하는 과정을 확인한다. '전문가는 사회 문제와 거리를 둔다'는 통념과는 다른 전문가의 역할은 이 책의 주요 주제다.

참사 초기부터 활동 전선에 선 전문가들은 재난에 대응하는 전문성을 발휘했다. 그러나 피해자의 고통을 가장 가까이에서 기록한 전문가들이 만든 판정 기준은 피해자와 피해자 사이, 피해자와 전문가 사이에 깊은 골을 만들었다. 4장 '합의에 이르는 길'은 가습기살균제 참사 피해 구제 과정의 치명적인 문제로 언급되는 '4단계 기준'의 세부 내용을 살핀다. 5장 '과학과 정치의 다리'는 문제를 실질적으로 해결하는 주요 근거가 되는 법의 역할을 확인한다. 재난에 관한 두 유형의 법은 세월호 참사 이후 특별법 제정이라는 구호가 반복해서 소환되는 이유를 설명해 준다.

끝으로 6장과 7장은 과학적 사실과 법적 근거를 토대로 재난에 맞서는 과학의 모습을 그려 본다. 지금과 같은 재난이 반복되지 않도록 '사회를 바꾸려면' 어떻게 해야 할까? 피해자를 향한 과학을 성찰하는 전문가는 더 나은 사회를 위한 약속의 목록을 새로 쓴다. 그리고 이 약속은 전문가의 것만이 아니다. 후쿠시마 오염수 논쟁에서 보듯 과학은 보통의 기대만큼 깔끔하지 않으며, 우리는 일방적인 사실 통보가 아니라 나의 경험과 의견이 과학에 반영되길 원한다. 예측 불가의 재난 앞에서 '누구나 손 드는 과학'이다.

이상의 내용은 나의 박사학위논문 「가습기살균제 참사의 지식 정치: 피해 판정 기준의 형성과 재구성을 중심으로」를 새롭게 깁고 더한 것이다. 참사의 과정은 2017년부터 2022년까지 활동한 '가습기살균제사건과 4·16세월호참사 특별조사위원회(사회적참사 특별조사위원회)'의 조사 자료와

『가습기살균제 참사 종합보고서』, 2016년 국회 국정조사 자료와 환경보건시민센터, 정부 보도자료를 주로 참고했으며 2019년부터 2022년까지 직접 진행한 인터뷰 내용을 일부 수록했다.

평범한 마음으로

단편 소설 「가만한 나날」의 주인공은 광고대행사에서 바이럴마케팅 업무를 하며 가습기살균제 '뽀송이'의 상품 후기를 조작했다. 나중에 주인공은 자신이 홍보한 제품으로 수많은 사람이 피해를 봤다는 점을 알게 된다. 피해자가 보낸 쪽지에 그는 가해자로 낙인찍힐까 겁먹는다. 자신도 모르는 사이 사건에 얽혀 들게 된 주인공은 그 일을 지시한 상사와 대화를 시도한다.

"팀장님, 그 뽀송이 말이에요. 뿌리는 살균제."
"웅, 그거 정말 말도 안 되는 이야기더라."
점심시간에 주고받은 대화의 여운이 되살아나는지 그가 관심을 보였다.
"네. 그런데 생각해 보니까 저희도 홍보한 적이 있더라고요. 제가 리뷰했던 기억이 나요."

잠시 말이 없었다.

"그랬어? 그거 진짜 나쁜 놈들이더만. 어떻게 그런 일이 있냐."

"그러게 말이에요. 앞으로 뭘 믿고 쓰겠어요."

나는 그를 따라 보조를 맞추며 말을 이어 가려 했다. 그러나 그걸로 대화는 끝이었다. 그는 걸음을 빨리했고, 나는 점점 멀어지는 그의 작은 뒤통수와 목, 좁은 어깨를 보며 뒤에서 따라 걸었다. 별생각 없이 충동적으로 꺼낸 말이었는데, 막상 그가 그냥 걸어가 버리자 순간 터무니없을 정도로 서운한 마음이 들었다. 복도에 혼자 버려진 것 같은 기분이었다.[7]

나는 재난과 사고를 보고 들을 때마다 소설 속 주인공과 비슷한 기분에 빠진다. 어딘가에 혼자 덩그러니 놓인 쓸쓸한 느낌. 2014년 4월 16일에도 2022년 10월 30일에도 온종일 침대에 누워 신문 기사와 SNS를 들여다보았다. 친구나 동료 연구자와 대화하며 서로의 끼니와 기분과 수면을 챙겼다. 하지만 그 이후 벌어진 여러 사건을 보고 더 이상 말을 얹지 않게 되었다. 바로 그 순간 우리는 또다

---

7   김세희, 『가만한 나날』(민음사, 2019), 126~127쪽.

시 혼자가 된다. 우리는 재난의 옆에서도 상처 입지만, 상처와 회복과 치유를 말할 수 없을 때 더 자주 무력감과 부채감을 느낀다.

이 소설을 읽으며 신샛별 평론가는 주변 사람과 제대로 대화할 수 없는 데에서 온 상처가 주인공의 윤리 의식에 어떤 변화를 줄지, 또 그로부터 추출될 시민 의식이 종전의 것과 어떻게 다를지 짚는다.[8] 그의 말대로 오늘날 청년 세대에게 '사회적 책임감'이나 '시민 의식'은 이전 세대와 다른 외연에서 체득되는 것일지 모른다. 세계가 갈수록 다원화되고 파편화되는 만큼 하나의 거대한 흐름 속에서 세대 전체가 공유하던 시민 의식을 획득할 수는 없을 것이다. 새로운 윤리가 무엇일지는 속단할 수 없겠지만, 나는 무력감 속에서도 여전히 피어나는 관심과 연대를 자주 목격했다. 소설 속 주인공과 나의 마음을 한 노랫말에서 읽는다.

밥 잘 챙겨 먹고 하루 종일 잠들었어
사실 내가 바란 대답은 누구도 주지 못했어

---

8   위의 책, 311쪽.

연필처럼 기억을 깎고

벼른 끝으로 그날을 적어

문지르면 사라질 만큼만 새겨 두었고

먼지 같은 기록을 덮고

지친 맘으로 내 안을 접어

잊혀지지 않을 만큼만 곁에 두었지

뭐가 두려운지 몰라 이불 속에 숨어 있어

할 수 있는 것을 세어 보기도 지친 참이었어[9]

싱어송라이터 정우는 매년 돌아오는 기억의
날에 '잊어 가는 걸 부끄러워하고 기억할 기회를
찾은 사람'의 이야기를 이 노래에 담았다고 했다.[10]
그와 마찬가지로 많은 사람이 우리 사회의 재난과
고통과 아픔에 대한 기록을 마음 한구석에 담아 두
었을 것이라 믿는다. 가습기살균제 참사에 대한 세

---

9   정우, 「먼지 같은 기록을 덮고」, 세월호 닷페이스 다큐멘터리
     OST.
10   닷페이스, 「정우(Jungwoo) '먼지같은 기록을 덮고' 닷페이스×
     4·16재단」 영상 고정 댓글 중에서. https://youtu.be/2ZLSLL-
     DjI-w?feature=shared

간의 관심은 줄었지만, 내가 여러 자리에서 화두를 던졌을 때 생각보다 많은 사람이 이 문제에 관심을 보였다. 주변에 가습기살균제를 쓴 사람이 있다, 가족이 이 제품을 사용하려 했다고 입을 열면서 말이다. 단지 우리에게는 각자의 자리에서 품고 있는 질문과 생각을 꺼내어 펼쳐 보일 기회가 부족할 뿐이다.

청결과 위생을 위해 일상적으로 사용한 제품, 집 근처에 갑자기 들어선 비료 공장, 전 세계 모두가 사용하니 으레 쓴 제초제, 안전하다는 광고를 믿고 구매한 침대, 한 달에 며칠 무조건 써야 해서 구입한 생리대……. 과학기술의 결과물과 뒤엉켜 우리는 항상 예측 불가능한 재난의 위험에 노출되어 있다. 재난에 관한 우리 세대의 기억과 윤리 의식은 각자의 경험 속에서 만들어지고 있다. 일기와 노래와 다큐멘터리가, 연구와 시민사회 활동이, 여러 사람 앞에서 불쑥 나와 버린 한마디 말이 모두 지금의 재난을 이야기한다. 보고 듣고 쓰면 쓸수록 이전에 보지 못했던 것을 보게 되고, 다른 질문을 던질 수 있게 된다.

따라서 나는 재난과 과학에 대해 새로운 물음을 던진다. 나는 이 새로운 윤리 의식에 관한 물음이 불확실한 재난에 연루된 과학과 분리될 수 없다고 힘주어 말하고 싶다. 진리를 좇고 가치중립적인 사실을 말해 주는 단 하나의 과학은 존재하지 않는다. 민주화라는 목표를 향해 달려 나가던 정치도 더 이상 없다. 지난 시대의 윤리와 시민 의식을 성찰하며 우리는 정치와 과학에 대한 새로운 질문을 향해 나아가야 한다.

나는 가습기살균제 참사에 연루된 과학을 연구하며, 과학을 지렛대 삼아 조금씩 움직이는 사회를 발견했다. 전문가들만의 과학이 아니라 피해자, 시민사회, 정부, 국회 모두의 과학이었다. 뿔뿔이 흩어진 이야기는 한자리에 모일 때 더욱 강했다. 특별한 사명감이나 정의감보다 내가, 내 주변이, 우리 동네가 언제든 위험에 노출될 수 있다는 감각을 공유했다. 예기치 못한 재난이 벌어져도 내가 속한 공동체가 피해자의 경험에 귀 기울이고 충분히 조사하길 바라는 평범한 마음이다. 환경재난과 피해를 더 떠들썩하게 말하자. 그 과정을 거쳐 우리 사회를 더 안전한 곳으로 만들자. 그런 마음으로 나는 환경재난을 보고 듣고 읽고 쓴다.

차례

1장 신호를 무시하다

사람들은 '재난'이라고 하면 보통 재난이 휩쓸고 간 폐허를 가장 먼저 떠올린다. 허리케인 카트리나가 강타한 미국 뉴올리언스 주의 모습, 터키 대지진이 무너뜨린 건물의 잔해, 쓰나미가 휩쓸고 간 인도네시아 아체 지역 해변과 동일본 해안가 동네의 모습은 모두 자연재해로 인해 무너지고 부서진 경관의 이미지다. 이런 경관을 만드는 재난은 대부분 순간적이고 폭발적으로 일어난다. 인간의 힘으로 어쩔 도리가 없이 순식간에 벌어지는 일이다. 오랜 기간 재난은 파국과 종말의 이미지로 그려졌고, 많은 영화와 소설이 파괴적인 재난의 모습을 재생산했다.

최근 들어 재난에 대한 이미지는 조금 달라졌다. 인간에 의한 참사를 여러 차례 겪은 우리는 이

제 자연재해가 아닌 사회적인 재난 또한 존재한다
는 것을 알게 되었다. '사회적 재난'이라는 용어가
익숙해진 만큼 재난에 대한 인식과 이미지를 바꿔
야 한다는 논의도 새롭게 주목받고 있다.

재난은 느리게 온다

역사학자 스콧 놀스는 장기간 느리게 발생하는 재
난과 그 과정에 관심을 가져야 한다고 주장했다.
'느린 재난(slow disaster)' 개념이다. 느린 재난은 재
난을 단 하나의 사건, 쪼개진 사건으로 보는 대신
사건 발생 전 켜켜이 쌓인 과거부터 사건의 여파가
미칠 먼 미래까지의 장기적인 과정으로 인식하기를
요청한다. 기존 관점이 재난을 사건이 발생한 찰나
의 폭발적인 이미지로 인지한다면, 그러한 순간 앞
뒤로 시간을 늘리고 사건의 영향을 받는 공간을 넓
혀 재난의 인식과 상상 범위를 조정하자는 것이다.[1]
　실제로 우리는 여러 형태의 느린 재난을 목도
하고 있다. 기후위기는 지구 온난화라는 이상 기후

1　Knowles, S. G., "Slow Disaster in the Anthropocene: A
　Historian Witnesses Climate Change on the Korean Penin-
　sula," *Daedalus* 149(4)(2020), pp.192~206.

현상이 오랜 시간 천천히 누적되어 발생한 느린 재난의 대표적인 사례. 온난화로 인한 변화는 이전에도 조금씩 감지되었으나 산불, 태풍, 한파와 같은 극심한 이상 기후 현상은 최근 더욱 잦아졌다. 이처럼 느리게 진행되는 재난은 시공간이 다른 여러 재난이 겹치며 발생하기도 한다. 지구 한편에서는 폭염과 가뭄이 기승이지만 다른 편에서는 홍수와 폭설 피해가 나타나는 것처럼 말이다.

　2019년 가을의 호주 산불은 그 실제 사례. 이상고온과 가뭄, 강풍의 영향으로 호주 남동부에서 발생한 대규모 산불은 이듬해까지 몇 달간 지속되며 다량의 연기와 이산화탄소를 생성했다. 산불의 부산물은 남미와 아시아 등 지구 전역과 대기권으로 퍼졌는데, 이는 연속된 재난이 기후위기라는 또 다른 재난을 가속하는 경우라 할 수 있다. 생태문학비평 분야에서는 이러한 피해를 '느린 폭력(slow violence)'으로 개념화한다. 영문학자이자 생태문학비평가인 롭 닉슨의 정의에 따르면 이렇다. 일반적으로 폭력으로 간주되지 않지만 오랜 시간에 걸쳐 벌어지는 파괴, 비가시적으로 시공을 넘어 널리 퍼지는 파괴.[2]

재난의 범위를 넓혀 보기

느린 재난이라는 렌즈는 재난의 시간 범위를 특정 사건 이전으로 거슬러 가고 사건이 벌어진 이후로 길게 뻗어 다시 보도록 한다. 가습기살균제 피해는 2011년에야 세상에 알려졌지만 제품 자체는 1994년부터 팔렸다. 또 이 글이 쓰인 2023년까지도 현재 진행형인 재난으로 여겨진다. 가습기살균제 참사를 느린 재난의 관점으로 분석하면 어떨까? 놀스는 특히 재난의 사회적 영향을 분석하기 위해 재난의 범위를 재고해야 한다고 주장한다.[3] 우리의 인식을 특정 순간에 한정 짓지 않고 훨씬 큰 피해가 발생할 수 있는 훗날의 세대까지 확장하는 일이다.

재난을 인지한 시점 전후로 인식의 범위를 확장하면 이전에 미처 고려하지 못한 영향 요인을 발견하게 된다. 시기에 따라 다른 요인이 작용한다는

2   Rob Nixon, *Slow Violence and the Environmentalism of the Poor*(Cambridge: Harvard University Press, 2011).

3   Knowles, S. G., "Learning from Disaster? The History of Technology and the Future of Disaster Research," *Technology and Culture* 55(4)(2014), pp.773~784.

점을 새로 알게 되기도 한다. 이러한 재발견은 장기적으로 쌓인 여러 요인이 물리적 피해와 사회적 피해를 증폭시켜 복합적인 재난을 일으킨다는 사실을 알려 준다. 뉴올리언스 주의 재난은 단지 허리케인 카트리나가 입힌 물리적 피해에 그치지 않는다. 폐허가 된 도시에 불거진 인종 갈등은 허리케인이 휩쓸기 전까지 누적된 차별, 불평등, 부정의에서 비롯됐다. 허리케인이라는 자연재해는 순간적이었을지라도, 해당 지역에 오랫동안 뿌리내린 사회적 요인과 만나 더 큰 불길로 치솟는다.

재난의 전 과정과 사건 발생 이전 시기에 주목할 때 비로소 포착되는 신호도 있다. 이 신호는 재난이 발생하거나 재난을 인지하는 찰나의 순간 이전에 있다. 사회학자 에릭 클라이넨버그는 재난의 사회적 영향 요인에 주목해 1995년 시카고 폭염 당시 수많은 주민을 죽음에 이르게 한 사회적 조건을 파헤쳤다.[4] 사망자의 인구통계학적 특징을 분석하다가 그는 피해자가 주로 고립된 1인 가구, 노인, 소수 인종 등 취약 계층에 집중된다는 점을 발견했다. 사망자의 주 거주지는 약물이나 강도 범죄가

4   에릭 클라이넨버그, 홍경탁 옮김, 『폭염 사회』(글항아리, 2018).

빈번한 곳이었는데, 범죄에 대한 경계심이 큰 이들은 날이 더워지더라도 시원한 곳을 찾아 나서기보다 냉방시설이 잘 갖춰지지 않은 자기 집 안에 있기를 택했다. 이 위험 신호를 감지하지 못한 시카고 사회는 폭염이 지나간 후에야 취약 계층의 회복력을 유지하기 위한 제도를 갖추기 시작했다.

　　재난을 겪은 사회는 상황의 처참함 속에서도 반성의 시간을 가지며 어떤 쪽으로든 변화하기 마련이다.[5] 따라서 재난에 관한 많은 논의는 재난 이후에 사회가 어떻게 바뀌었는가를 보려 한다. 그런데 이러한 사회적 변화는 눈에 띄지 않을 정도로 천천히 일어나기도 한다. 우리는 머지않아 가습기살균제 참사 이후의 많은 변화가 결코 빠르게 진행되지 않았음을 확인하게 될 것이다. 지나치게 빠른 변화나 대응은 오히려 논란을 불러올 수도 있다. 2022년 이태원 참사 후 며칠 만에 국가 애도 기간이 선포되면서 비판의 목소리가 커진 일에서처럼 말이다.

　　재난에 관한 여러 이야기와 연구는 재난의 느닷없음에만 주목해서는 재난 이후의 피해를 정확

5　　Knowles, S. G.(2020).

히 파악하기도, 사람들을 지원하기 위한 적절한 장치를 마련하기도 어렵다고 역설한다. 가습기살균제로 불거진 피해는 어떤 과정을 거쳐 알려졌을까? 오랜 과정을 보기에 앞서 재난을 예고한 신호에 먼저 주목해 보자. 위험 신호는 가습기살균제가 처음 개발된 1990년대 중반부터 줄곧 깜빡이고 있었다. 초창기에 가습기살균제 제품을 개발하고 판매한 유공, 옥시와 같은 기업들은 판매에 앞서 여러 테스트를 진행했지만 결과지의 경고를 간과하고 말았다.

가족을 생각하는 무해한 제품

1994년 11월 유공은 세계 최초의 가습기살균제인 '가습기메이트'를 출시했다. 같은 해 12월 발간된 유공 사보에는 제품 개발 과정이 자세히 소개되어 있다. 유공 바이오텍사업팀은 팡이제로, 닥터제로 등 시장 선호도가 높은 살균소독제를 개발한 팀이었다. 이들은 가습기 물통의 물에서 번식한 세균이 건강에 좋지 않을 수 있다는 사실에 주목했고, 2년간의 연구 끝에 가습기메이트를 만들었다. 가습기메이트는 가습기 내부의 세균을 없애고 세균 번식

을 억제해 물때를 방지하면서도 인체에 무해한 제품이었다.[6]

유공은 여러 광고로 신제품의 효과를 알렸다. 홍보의 핵심 문구는 깨끗함과 간편함이었다. 건조한 계절이면 누구나 한 번쯤 가습기를 써 본 경험이 있을 것이다. 가습기는 며칠만 사용해도 곰팡이가 번식해 미끈한 흔적을 남긴다. 관리를 잘 못하면 분홍색 또는 빨간색 곰팡이가 나타나기도 한다. 가습기살균제는 가습기 물통 관리에 애를 먹고 불어난 세균으로 인한 위해를 상상하는 소비자의 심리를 정확히 파고들었고, 세균과 물때를 간편하게 관리할 수 있는 제품으로 홍보되고 판매되었다.

유공의 가습기메이트는 출시 첫해에 약 10만 개가 팔렸다. 1996년부터는 유공 외에도 옥시, 애경, LG생활건강 등이 적극적으로 신제품을 시장에 내놓으면서 1997년부터 2000년 사이 가습기살균제의 연간 판매량은 40만 개까지 늘었다. 여기에 2004년부터 홈플러스, 롯데마트, 이마트 등 대형마트의 자사 상표(PB)가 가세하면서 2005년 한

---

6   가습기살균제사건과 4·16세월호참사 특별조사위원회, 『가습기
     살균제참사 종합보고서 본권 I』(2022), 64쪽.

해 판매량은 99만 개까지 치솟는다. 가습기살균 제는 1994년 가습기메이트 출시부터 2021년까지 22년간 995만 6736개가 판매된 것으로 추산되며, 그중 옥시의 '옥시싹싹 뉴 가습기당번'은 2000년 출시 이후 11년간 약 415만 개가 팔렸다. 제품 원료 나 제품 자체를 제조·공급·유통하는 기업은 90곳 이나 되었다.[7]

가습기는 보통 여러 명이 생활하는 가정집에 서 사용한다. 따라서 가습기메이트 광고는 가족을 위해 가습기를 깨끗하게 관리해야 한다는 메시지 를 끊임없이 보냈다. 엄마 코끼리와 새끼코끼리가 등장하는 한 광고를 보면 긴 코 끝에 살균제를 휘 감은 엄마 코끼리가 가습기 구멍에 살균제를 따라 붓고 있다. "내 아기를 위하여!"라는 큰 글씨가 2단 광고 한가운데를 차지했다. 반대편의 새끼코끼리 가 그 모습을 보며 말한다. "음~ 상큼한 공기! 아빠 도 좋아하겠지?" 또 다른 광고에는 깔끔한 정장 차 림의 주부가 활짝 웃으며 가습기살균제를 들고 있 다. "세균도 말끔히, 물때도 말끔히. 가습기살균제 가 우리 가족 건강을 지켜줍니다."라는 문구 아래

7   위의 책, 111~115쪽.

에 엄마와 아기가 나란히 활짝 웃고 있는 사진이 보인다. "온 가족 건강을 위해 잊지 마세요."라는 광고 문구는 가족 구성원의 건강을 돌보는 제품의 일환으로 가습기살균제의 효과를 알렸다.

가습기살균제는 약속대로 건강을 지켜 주는 제품이었을까? 가습기살균제 참사에 대해 발표하는 자리마다 지금까지도 꼭 듣는 질문이 있다. 어떻게 가습기살균제와 같은 제품이 시장에서 팔릴 수 있었느냐는 것이다. 여러 사람의 목숨을 위협할 만큼 치명적인 제품이 10여 년이나, 그것도 1000만 개 가까이 팔렸다는 사실이 상식적으로 이해되지 않는다는 반응이다.

지금은 소비자들 사이에 가습기살균제 같은 화학물질을 호흡기로 직접 흡입하면 인체에 좋지 않다는 정보가 상식처럼 퍼져 있다. 이러한 유해성을 알 수 없었던 이전의 소비자들은 기업의 소개글에서 믿음의 근거를 찾았다. 가습기살균제 제품 전면에는 대부분 인체에 무해하다는 문구가 쓰여 있었다. "인체에는 전혀 해가 없습니다.", "SK케미칼이 개발하고 영국 헌팅턴 라이프 사이언스에서 저독성을 인정받은 항균제를 사용하여 인체에 안전합니다.", "인체에 안전하며, 안심하고 사용할 수 있습니다.", "살균 99.9퍼센트 아이에게도 안심"과 같은 카피들이다. 어떤 기업도 제품의 안전성을 제대로 검증하지 않았지만 자신들의 제품이 안전하다고 적극 홍보했다.[8] 모든 제품에 안전하다는 표기가 되어 있는데 굳이 유해성을 의심하고 나설 소비자가 얼마나 될까.

"좋은 줄 알았지." 가습기살균제 피해자들은 공통적으로 마트에서 판매되는 제품이니까, 매일 가는 마트에서 판매원이 판촉 행사를 하니까, 텔레비전에서 광고를 하니까 믿고 구입했다고 말했다. 또 옥시와 애경은 트리오, 팡이제로, 옥시크린 등 절대다수의 소비자가 찾는 생활화학제품을 판매하던 기업이다. 소비자들은 익숙한 브랜드를 달고 나온 제품이기에, 다른 것과 마찬가지로 마트에서 팔리는 제품이기에 가습기살균제를 좋은 상품으로 믿고 구매했다.

─ 2008년 10월 경인가, 유모차를 사러 신랑이랑 마트에 갔어요. 저는 애경 가습기살균제(가습기메이트)를 거기서 처음 봤어요. 판매원이 홍보를 엄청

8   위의 책, 116~118쪽.

하더라고요. "애경 가습기메이트 제품은요, 황금돼지띠 아기 엄마들이 먼저 알아요. 친환경 제품이라 아이들 감기도 예방되고 정말 좋습니다." 딸아이가 감기에 걸린 터라 그 말이 귀에 쏙 들어왔어요.

— 가습기살균제를 사용한 건 2006년부터예요. 병원이 건조해서 가습기를 썼는데 텔레비전 광고 보니까 세균을 잡아 준다길래 살균제를 샀죠. 가습기 세기를 강으로 틀어 놓으니 물이 빨리 증발하잖아요. 물을 다시 채우면서 살균제를 또 넣고 또 넣고. 그래서 하루 사용량이 많았어요. 아이는 결국 폐가 손상되어 사망했어요.

— 난 무조건 옥시 것만 썼어. 그때는 옥시가 텔레비전 선전을 굉장히 많이 했어. 그래서 난 옥시 제품이 제일 좋은 줄 알았어요. 아주 뇌리에 옥시가 박혀 있었어. 로고가 기억나. 내 눈엔 가습기살균제 통에 찍힌 옥시 로고가 너무 예뻤던 거야. 병 자체 디자인도 예뻤고. 그래서 다른 건 안 사고 계속 그걸 샀어. 그때 텔레비전에서 세뇌가 돼서 지금도 '빨래'하면 옥시 제품이 제일 좋은 걸로 생각해요. 광고 효과가 그렇게 무섭네요.[9]

최초의 위험 신호

가습기살균제의 위험을 면밀히 조사해야 한다는 신호는 소비자의 시야 바깥에서 여러 차례 울렸다. 사회적참사 특별조사위원회(사참위)의 조사에 따르면 제조사들이 이러한 경보를 인지할 기회는 적어도 여러 번 있었다. 가습기메이트 출시 두 달 전 유공 생물공학연구팀이 작성한 내부 보고서에는 "독성시험을 수행해 안전성을 담보할 수 있는 데이터를 반드시 확보"해야 한다는 의견이 적혀 있다. 제품 출시를 "재고"해야 한다는 내용도 포함되었다.

　　유공은 이후 한 대학의 수의과대 교수 연구팀에 가습기메이트 흡입독성시험을 의뢰했다. 1995년 7월 연구팀은 제품에서 흡입독성이 나타날 수 있다는 결론을 담은 보고서를 유공에 전달했지만 이러한 의견은 제품 개발에 충분히 반영되지 않았다. 실험 결과를 보면 시험물질에 노출된 실험 쥐는 백혈구 수치가 감소했고, 실험 쥐를 부검해 관찰한 병리 조직에서는 신장의 변화가 확인되었다. 연구

9　　가습기살균제사건과 4·16세월호참사 특별조사위원회, 『우리 곁에서 일어나고 있는 일』(2019), 17, 21, 25쪽.

팀은 더 많은 동물을 이용한 실험으로 인체 영향을 정확히 알아봐야 한다고 제안하기도 했다. 그러나 기업은 추가 조사 없이 제품을 시장에 내놓았다.[10]

유공 가습기메이트가 인기를 끌자 1996년 옥시는 비슷한 제품 개발에 착수했다. 옥시는 독일 기업 멜리타가 개발한 살균제를 참고하며 해당 제품의 원료인 프리벤톨R80이라는 물질을 쓸 수 있는지를 검토했지만 이 물질의 안전성은 제대로 확인하지 않았다. 출시된 제품은 미국의 한 연구소에서 흡입독성시험을 거쳤다. 그런데 이 실험은 노출 시간을 4시간으로 짧게 설계해 제품 안전성을 충분히 확인하기에는 결함이 있었다.[11]

제조사가 눈앞의 신호를 무시하면서 사람들은 예견된 재난에 무방비하게 노출되었다. 소비자 영역에서 재난의 징조는 여러 기업이 가습기살균제를 출시하고도 시간이 훌쩍 지난 2000년대 중반에 처음 포착된다. 2006년 봄 서울아산병원과 서울대학교병원에 급성 간질성 폐렴 증상을 보이는 어린이 환자 15명이 입원했다. 이들 환자를 치료한 대

---

10   사회적참사 특별조사위원회(2022), 68~70쪽.
11   위의 책, 93~95쪽.

학병원 소아과 의사들이 2008년 여름 전국 2차 병원급 이상 의료 기관 소아청소년과를 대상으로 후속 연구를 한 결과 23곳에서 78건의 유사 사례가 확인되었다.[12] 무사히 치료받은 환자도 있었지만 그렇지 못한 경우도 있었다. 의료진들은 병의 진짜 원인을 알지 못했으며 이러한 질환이 집단적으로 일어났으리라 짐작하지도 못했다.

---

12   전종근 외, 「2006년 초에 유행한 소아 급성 간질성폐렴」, 《Korean Journal of Pediatrics》 51(4)(2008), 383~390쪽; 김병주 외, 「급성 간질성 폐렴의 전국적 현황 조사」, 《Korean Journal of Pediatrics》 52(3)(2009), 324~329쪽.

2장

불확실성에
다가가다

2019년 8월 28일 가습기살균제 참사의 진상규명을 위한 청문회가 사참위 주관으로 열렸다. 나는 기업과 정부의 대응, 피해지원의 문제를 집중적으로 살피는 2일 차 청문회에 참석해 논의를 가까이에서 지켜보았다. 이날의 중요한 안건은 골든 타임이었다.

의학 현장에서 사용하는 골든 타임(골든아워)이라는 말은 사고 발생 시 치료가 이루어져야 하는 최소한의 시간을 뜻한다. 사참위는 의료진의 개입으로 인명 사고를 막을 수 있듯이 기업과 정부가 그동안의 징후를 제때 확인했다면 더 큰 피해를 막을 수 있었다고 비판했다. 정책 결정과 판단의 골든 타임은 언제였을까. 2011년 정부와 전문가가 원인 미상의 피해를 파헤쳐 간 과정을 들여다보며 재난에 반응하는 의사결정과 개입의 의미를 생각해보자.

'중증 폐렴 임산부 환자'의 증가

1994년과 1996년, 2006년과 2008년의 경보를 지나친 후 이상 신호는 우연한 기회에 다시 감지되었다. 그렇지만 그 신호가 무엇을 의미하는가를 확인하는 길은 쉽지 않았다. 2011년 2월부터 4월 사이 서울아산병원 중환자실에 폐렴 증상을 보이는 산모가 잇달아 입원했다. 가습기를 많이 사용하는 겨울철이 막 지난 때였다. 몇 년 전 어린이 환자가 입원한 때와 마찬가지로 의료진은 산모들을 치료하기 위해 애썼지만 대부분 효과는 없었다. 이들이 발견한 환자들의 공통점은 호흡기에 문제가 있다는 증상뿐이었다.

이들의 증상은 대체로 빠르게 악화되었고, 폐가 딱딱해지는 섬유화 현상이나 폐가 터지는 등의 합병증을 일으켰다. 당시 의사들이 가장 먼저 혹은 유일하게 떠올린 병인은 바이러스 감염이었다. 2002년 중증 급성 호흡기 증후군(SARS), 2009년 신종 플루(H1N1) 등 신종 바이러스 감염병이 유행하며 급성 호흡기 질환의 원인은 바이러스라는 인식이 지배적이었기 때문이다. 하지만 답이 나와야 할 바이러스 검사지에는 아무런 흔적이 없었다. 이제 무엇을 할 수 있을까?

여러 시도 끝에도 문제가 해결되지 않자 의료진은 질병관리본부에 조사를 요청하기로 했다. 병원의 신고를 계기로 원인을 알 수 없는 피해에 대한 조사가 시작되었다. 신고 내용은 "급성호흡부전을 주요 증상으로 하는 중증 폐렴 임산부 환자의 입원이 증가하고 있다."라는 것이었다. 이로써 서울 대형 병원에 이미 한 차례 비슷한 환자들이 드나든 지 5년 만에 원인불명의 증상이 역학조사의 영역에 들어섰다. 가습기살균제가 세상에 나온 지 17년 만의 일이었다.

환자들의 병인은 이로부터 7개월 뒤에야 가습기살균제로 밝혀졌다. 새로운 증상이 바이러스 감염이 아니라는 것을 일찍 파악했음에도 정답에 이르는 시간은 더디게 흘렀다. 질병관리본부의 조사가 시작된 후 빈 검사지를 하나씩 채워 나가는 과정의 의미는 둘로 갈렸다.

정책 결정을 내려야 하는 보건 당국에게 폐를

굳게 만든 원인을 찾고 그에 대한 행정 조치를 하기까지의 과정은 더 확실한 과학 증거를 확보하는 데 필요한 시간이었다. 한편 역학조사와 자문 회의에 참여한 역학자들은 '더 확실한 인과관계와 증거'란 무엇인지를 거듭 돌아봐야 했다. 보통 사태의 원인을 밝히는 과학은 한 가지 명확한 정답이 있다고 여겨지기 쉽다. 하지만 불확실한 현실에서 진행되는 과학 연구는 무수한 시행착오를 거친다. 충분하지 않은 증거만으로 결론을 내려야 한다면 상황은 더욱 복잡해진다. 현대 과학에서 확실하다는 의미는 무엇이며, 정책적 결정은 어느 정도의 확실성 위에서 이루어져야 할까?

불확실한 과학의 시대

지구는 태양을 돌고, 사과는 땅으로 떨어진다. 오랫동안 과학 지식은 확실하고 자명한 것이었다. 데카르트 이래 과학은 하나의 진리를 좇는 대표적인 학문을 자임했다. 실험을 통해 어떤 법칙과 원리가 입증되며 그로부터 도출된 하나의 결론은 변하지 않는 사실이어야만 했다.

1970년대 발생한 대형 재난은 과학과 기술에

불확실성이라는 속성이 있음을 드러냈다. 1979년 미국 스리마일섬 핵발전소 사고, 1984년 인도 보팔 가스 유출 사고, 1986년 체르노빌 핵발전소 사고를 지켜보며 사람들은 사고의 원인을 파악하고 피해를 해결해야만 했다. 설계도를 벗어난 과학기술을 통제해야 할 필요가 드러난 것이다.

핵발전소 사고 피해 지역의 범위를 정한다고 하자. 체르노빌 반경 50킬로미터까지면 충분할까? 방사성 물질은 바람을 타고 퍼져 나가니 유럽 대륙 전체를 포함해야 할지도 모른다. 혹은 해류를 타고 확산될 피해까지 고려한다면 피해 범위는 전 세계가 될 것이다. 유해 물질의 양이나 농도, 바람과 해류의 방향 같은 물리량을 계산식에 넣는 방식으로는 재난 피해의 범위를 결정하는 문제에 답을 내릴 수 없다. 과학적 불확실성은 특히 과학기술의 본성과 실행, 과학기술의 사회적 영향을 연구하는 과학기술학 학계가 가장 주목하는 주제로 떠올랐다.

방사능 피해 범위를 예측하거나 방사능 유출로 인한 환경 및 건강 피해를 확인하는 연구는 과학적 방식을 따른다. 그러나 이런 과학이 모두가 동의할 수 있는 확실한 답을 제공해 주는 것은 아니다. 이를 두고 과학기술학자들은 불확실성의 경계가 사회적으로 구성된다고 주장했다. 사람들이 불확실성을 어느 수준까지 용인할 것인가는 사회 문화적 요소에 따라 달라진다는 것이다.[1]

지금은 글로벌 제약사 바이엘에 인수된 화학 농업기업 몬산토가 판매하는 제초제 라운드업은 글리포세이트라는 물질로 만들어졌다. 글리포세이트가 암을 유발할 수 있다는 연구 결과가 있지만 유럽과 미국, 한국의 규제 당국은 각기 다른 기준과 근거로 이 물질의 유해성을 파악하고 규제한다. '아직 충분히 연구되지 않았음'이라는 사실은 어떤 사회에서는 유해성이 드러나지 않았기에 안전하다는 증거로, 어떤 사회에서는 유해성이 확인되지 않았으므로 조심히 다루어야 하는 증거로 받아들여진다.

기후위기의 현실과 영향에 관해서도 불확실성을 둘러싼 논쟁이 있다. 그간 많은 기후과학자가 충분히 믿을 만한 과학적 증거를 다수 제시했음에도 사람들 사이에서는 '지구 온도 변화는 과거부터 있었던 자연스러운 현상'이라거나 '지구의 온도는

---

1   현재환·홍성욱, 「시민참여를 통한 과학기술 거버넌스: STS의
     참여적 전환 내의 다양한 입장에 대한 역사적 인식론」, 《과학기
     술학연구》 12(2)(2012), 33~79쪽.

오히려 낮아지고 있다'라는 주장이 설득력을 얻는다. 기후위기가 벌어진 이유의 상당 부분은 인간의 활동에 있다는 과학자의 설명 역시 사회와 개인에 따라 달리 수용된다. 과학적 불확실성의 판단과 그에 따른 결정에 원리원칙이나 답이 있지 않다는 점을 알려 주는 가까운 사례다.

넷플릭스 영화「돈 룩 업」에서 과학자 랜달 민디와 대통령 제이니 올린의 대화는 과학적 불확실성을 둘러싼 논쟁의 구조를 그대로 따른다. 올린 대통령은 거대 혜성이 지구와 부딪친다는 민디의 '거의 확실한' 정보를 듣고도 이 상황을 위험으로 인지하지 않는다. 위험하지 않은 일에 대책을 궁리할 필요는 더더욱 없다.

"혜성이 지구로 다가온단 얘기예요. 나사(NASA) 컴퓨터에 의하면 낙하지점은 태평양이고 칠레 서부 해안 100킬로미터 지점이에요."
"그럼 어떻게 되는데요? 파도라도 쳐요?"
"아뇨, 대형 재해가 발생할 거예요. 1.5킬로미터 높이의 쓰나미가 지구를 휩쓸겠죠. 히로시마 원자폭탄 위력의 10억 배는 될 거예요. 진도 10에서 11……"

"대통령님, 이런 혜성을 행성파괴자라고 합니다."

"정확도는요?"

"충돌 확률 100퍼센트예요."

"제발 100퍼센트라곤 하지 말아요."

"네, 정확하게는 99.78퍼센트예요."

"잘됐네요, 100퍼센트는 아니네."

"원래 과학자는 100퍼센트라고 하지 않아요."

"70퍼센트라고 치고 들어보죠."

"70퍼센트 정도가 아니라니까요."

"지나가는 사람들 붙들고서 당신은 100퍼센트 죽는다고 하면 납득하겠어요? 누가 봐도 미친 소리잖아요."[2]

99.78퍼센트의 충돌 확률을 100퍼센트라고 단언할 수 있을까? 100퍼센트에 모자란다면 70퍼센트까지 낮추어 봐도 괜찮을까? 극중 정책결정자의 불성실한 태도는 재난과 위기에 무감하고 책임을 회피하는 국가와 정부의 모습을 고스란히 반영한다. 이에 더해 영화는 정치가가 그들의 필요에 따라 확실성과 불확실성에 관한 입장을 취사선

2   「돈 룩 업(Don't Look Up)」(2021).

택한다는 것, 즉 과학적 불확실성이 정부의 인식과 태도에 따라 구성된다는 점을 그려 낸다.

2011년 한국에서 원인 미상의 피해를 추적해 나가는 과정도 마찬가지였다. 어느 정도의 증거가 뒷받침되어야 가습기살균제를 100퍼센트 확실한 원인이라고 말할 수 있을까. 가습기살균제 참사에서 첫 번째 과학적 불확실성은 역학과 독성학이라는 두 분과의 병인에 대한 서로 다른 인식과 사태를 대하는 정부의 태도에서 확인된다.

전에 없던 역학조사

질병관리본부와 서울아산병원 연구진은 모든 가능성을 열어 놓고 위험 요인을 하나씩 지워 나갔다. 거듭된 토론의 결과는 이 사태의 원인이 피해자들이 공통적으로 사용한 제품, 가습기살균제일 수밖에 없다는 것이었다. 질본 중앙역학조사반은 4월 26~27일, 5월 1일 두 차례 아산병원에 방문해 환자의 상태와 역학적·임상적 특징을 파악하고 검체를 수거했다. 환자들의 거주 지역은 서울, 수원, 충주, 대전, 광주 등으로 지역적 공통성이 없었다. 만약 신종 바이러스가 원인이라면 인접 지역에서 환자가 발생했어야 한다. 그러나 이들은 각 지역 병원에서 폐렴으로 치료를 받다가 증상이 악화되어 아산병원에 모였다. 당시 아산병원이 다른 3차 병원보다 인공호흡기나 체외막 산소 공급(ECMO) 장치 같은 호흡기 치료 장치가 많았기 때문이다.

환자의 상태를 확인한 질병관리본부는 역학조사 준비에 신속히 착수했다. 5월 6일에는 긴급 자문 회의가 개최되었다. 이 자리에는 질본 관계자와 아산병원 호흡기내과, 감염내과, 병리학, 영상의학, 소아과 및 예방의학 교수가 참여했다. 다양한 분야의 전문가가 참여한 만큼 질병의 특징과 추가 유행 가능성 등이 광범위하게 논의되었는데, 특히 질병의 원인에 관해서는 신종 바이러스의 가능성 외에 황사, 약물, 가습기 사용 등 환경적 요인이 폭넓게 제기되었다.

그다음 날부터 시작된 역학조사는 서울아산병원의 전문가로 구성된 팀이 맡았다. 지금과 달리 10년 전 질병관리본부에는 역학 전문가나 임상 의사가 많지 않았기 때문이다. 그런데 직전의 자문 회의에서 여러 가능성을 논의했는데도 질본과 병원 전문가들은 역학조사 초기까지 줄곧 이 병의 원인을 신종 바이러스로 생각했다. 몇 차례 반복된

바이러스 검사에도 감염 표지가 나오지 않자, 역학 조사 연구진은 가능한 원인 인자 목록에서 확실히 아니라고 파악된 항목을 지워 나가는 방식으로 조사를 진행했다.

코로나바이러스 창궐 후 역학조사로 감염자의 동선을 파악했다는 뉴스를 접했거나 코로나바이러스에 감염되어 보건소의 역학조사에 직접 응해 본 경험이 있을 것이다. 코로나19 팬데믹 역학조사의 목표가 감염 환자의 발병일, 감염 원인, 감염 경로를 파악하는 것이라면 2011년 5월 조사의 주목적은 미지의 질병의 원인을 파악하고 신규 환자의 발생 여부를 확인하는 것이었다. 바이러스 검사로 공통 바이러스가 검출되지 않으면 바이러스 감염 가능성을 배제하고, 환자가 먹은 음식을 조사해 공통된 것이 없으면 음식에 의한 감염 가능성을 제거하는 식이었다. 소거법으로 찾은 공통 원인은 환자들이 평소 사용하던 가습기살균제였다.

이 조사법은 역학 교과서에 실린 고전적인 방법으로 연구진에게 완전히 낯선 방식은 아니었다. 이들에게는 여러 가능한 원인 중 확실히 아닌 것을 지워 가다 보면 종국에는 하나의 답을 찾을 수 있으리라는 확신이 있었다. 하지만 보이지 않는 원인을 추정해 나가는 조사는 전업 연구자들에게도 극히 드문 일이었다.[3] 의료진은 보통 병원에 오는 환자 대부분이 어떤 이유로 아픈지를 어렵지 않게 추정하고, 원인에 맞춤한 처방을 내린다. 나날이 상태가 악화되는 환자를 대하며 그날그날의 자료로 분석 결과를 만들어 내야 했던 긴박한 상황. 예상은커녕 존재조차 접한 적 없는 화학물질이 병의 원인이었음을 알게 된 과정은 연구자들에게도 이례적인 경험이었다.

교차비 47.3의 충격

연구진은 교차비(OR, odds ratio) 47.3이라는 압도적인 수치를 보고 가습기살균제를 역학적 원인으로 지목했다. 교차비 47.3이란 특정한 위험 인자에 노출된 사람이 노출되지 않은 사람보다 질병에 걸릴 경향이 47.3배 더 크다는 뜻이다. 역학 연구에서는 교차비가 2만 되어도 주목할 만한 숫자로 본다. 10에서 20 사이인 담배의 교차비가 어마어마한 수

3   Lee, Moo-Song & Hwa Jung Kim, "Epidemiologic research on lung damage caused by humidifier disinfectant," *Epidemiology and Health* 38 e2016031(2016).

치라 여겨질 정도다.

　인구 집단에서 질병이 일어나는 원인과 그 경향성을 연구하는 역학자들에게 47.3이라는 교차비는 평생 처음 본 숫자, "죽었다 깨어나도 다시 볼 수 없는 수치"였다. 담배의 교차비보다 두 배 더 큰 이 분석값은 연구진이 찾던 원인이 가습기살균제임을 적시하는 명백한 증거였다. 이와 동시에 역학자들에게 이번 사태의 심각성을 알리며 그들 자신이 "역사적 사건의 한 가운데 있음을 깨닫게 하는" 결과였다.[4]

　그러나 이 교차비 47.3의 의미는 전문가마다 다르게 인식되었다. 독성학 전문가나 질본 담당자에게 교차비를 포함한 역학조사 결과는 가습기살균제가 원인임을 '추정'할 수 있을 정도의 자료였다.[5] 정책 결정을 내리려면 더욱 확실한 결과가 필요했다. 독성학자들은 역학조사 결과를 논의하는 회의에서 살균제에 사용된 화학물질은 절대로 문제 될 리가 없다며 살균제가 피해 원인이 맞는지

4　　정해관 교수 인터뷰, 2021년 2월 9일.
5　　2021년 4월 열린 한국역학회 심포지엄에서 역학적 증거와 인과관계의 타당성에 관한 토의 중 가습기살균제와 관련해 발언한 전문가들이 이러한 점을 공통적으로 짚었다.

확인하기 위한 추가 실험을 해야 한다고 했다. 어느 나라의 화학물질 신고 평가제도 시스템에도 가습기살균제 물질의 흡입독성 평가 자료와 연구 결과가 없다는 것이 그 근거였다.

　또 독성학자들은 역학조사는 사람에 대해서 하는 '굉장히 거친 조사'인 반면 독성학적 연구는 '굉장히 정교한' 연구이므로 두 결과를 같은 수준으로 놓고 볼 수는 없다고 말했다. 다른 분야의 방법론과 거리를 두는 이와 같은 발언은 과학적 불확실성을 해석하고 승인하는 기준과 방법이 분과에 따라 다르다는 것을 드러낸다.

　내가 이 회의에 참석한 역학자와 만나 진행한 인터뷰에서 그는 어떤 전문가가 다른 분과의 조사 결과에 대해 단정적으로 평가하는 경험이 처음이었다고 했다. 이런 의미에서 전문가 사이에 나타난 서로 다른 인식과 추가 조사가 필요하다는 문제 제기가 특히 기억에 남았다고 반추했다. 물론 이때의 인식 차이란 분과 학문의 성격과 연구방법론에서 비롯된 것이지 특정 학문이 더 우위에 있다거나 더 확실한 결론을 도출한다는 의미가 아니다. 그럼에도 회의에 참석한 일부 전문가와 정책결정자는 독성학자의 주장을 의사결정을 위해 더 확실한 근거가 필요하다는 의미로 받아들였다. 새로운 제안은 독성학의 방법론이 그런 증거를 찾을 수 있다는 말처럼 보이기도 했다.

모든 것이 처음이고 불확실한 상황에서 전문가의 혼란은 계속되었다. 피해가 언제 더 커질지 모르는 상황에서 이들이 할 수 있는 행동이란 다음 단계에 빠르게 착수하는 것뿐이었다.

더 확실한 증거를 찾아서

가습기살균제 사용으로 폐에 질환이 생길 수 있다는 점을 확인한 연구진은 일부 독성학자의 제안에 따라 가습기살균제 물질을 흡입할 때의 독성을 확인하기로 했다. 다른 나라의 화학물질 위해성 평가 시스템에서 참고할 만한 기본 정보가 부족했기에, 별도의 실험을 거쳐 가습기에서 분무된 살균제를 흡입할 때의 호흡기 독성과 인체 독성을 각각 확인해야 했다. 동물실험과 같은 독성학적 연구가 필요하다는 합의에 도달한 전문가들은 역학조사와 마찬가지로 질본이 이 과정을 추진해 주기를 요청했다. 그러나 질본은 독성학 연구에 전문성을 가진 부처가 아니었다. 실험 설계와 준비, 동물실험윤리

위원회 승인 등의 절차가 복잡한 동물실험을 추진하기에는 새로 갖추어야 할 것이 많았다.

　독성을 빠르게 확인해야 할 시점에 제동이 걸리자 그 대안으로 생체 외 실험이 제안되었다. 생체 외 실험은 살아 있는 생명체 내부가 아니라 시험관이나 흔히 샬레라 불리는 페트리 접시 환경에서 수행하는 실험을 말한다. 사회의학·환경역학 전공자로 역학조사 자문위원회에 참여한 정해관 성균관대학교 의과대학 교수는 환경독성보건학회에서 적임자를 떠올렸다. 환경독성보건학회는 환경유해 요인의 건강 영향을 연구하는 환경독성학, 환경보건학 학자들이 모인 곳이다. 정해관 교수는 자신과 함께 학회의 공동회장직을 맡은 정규혁 성균관대학교 약학대학 교수를 생체 외 실험 중 하나인 세포독성시험을 수행할 전문가로 추천했다. 그는 질본 역학조사관과 같이 정 교수를 찾아가 사안의 시급성을 설명했다. 실험에 사용되는 물질이 어떤 물질인지는 묻지 말고 일단 시험을 진행해 달라는 요청이었다.

　이렇게 세포독성시험이 성균관대학교 약학대학 예방약학연구실에서 수행되었다. 세포독성시험은 화학물질 독성 평가의 초기 단계에 하는 실험으로, 기관지 세포와 같은 인간의 특정 세포를 샬레에 두고 시험하고자 하는 물질을 농도별로 주입, 배양시켜 진행한다. 시험물질의 독성은 세포의 수나 성장 정도, 세포막 유지 상태를 살피고 세포의 생합성 과정이나 효소 활성에 끼치는 영향을 조사해 추정한다. 연구진이 6개 가습기살균제 제품을 정상적인 폐 세포에 노출해 세포독성을 평가한 결과[6] 6종 중 4종에서 용량의존적 독성 곧 시험물질의 용량이 늘어남에 따라 폐 세포가 변하는 현상이 확인되었다.

실험 결과는 2011년 8월 30일 질본이 주관한 자문 회의에서 공유되었다. 역학조사 후 3개월이 지난 시점이었다. 연구진은 시료 4종에서 유해성을 예측할 수 있다고 전하면서도 실험실 환경과 현실 세계는 다르다고 짚었다. "세포독성이 나타났다는 결과만으로 인체에도 유해하다고 속단할 수는 없다." 역학조사와 세포독성시험이라는 과학적 연

---

6   연구진에게 의뢰한 6개 제품은 가습기메이트, 옥시싹싹, 세퓨, 와이즐렉, 아토오가닉, 아토세이프였다. 정해관, 「건강위해 평가에 있어 인구집단 대상 역학연구 결과의 의미: 가습기살균제 건강피해 사례」, 한국역학회 2021년 특별 심포지엄 발표 자료, 2021년 4월 29일.

구 결과가 도출되었음에도, 전문가들은 여전히 가습기살균제의 독성과 인체 영향을 확신하지 않았다. 어떤 상황에서도 100퍼센트라고 말하지 않는 「돈 룩 업」의 과학자처럼 말이다.

한편 정책결정자들은 역학조사와 세포독성시험 결과가 100퍼센트가 아니라면 확실한 근거 없이 강한 조치를 하기 어렵다고 판단한 듯했다. 자문회의 다음 날 질본은 가습기살균제 사용과 출시를 자제하도록 권고하는 행정 조치를 내렸다. 행정 조치의 근거는 "가습기살균제가 위험요인으로 추정"된다는 것이었다. 비록 "확실한 인과관계가 입증"되지는 않았지만 국민의 건강을 보호하기 위해 최종 결과가 나올 때까지 가습기살균제 사용과 출시를 자제하라는 내용이었다.[7] 질본은 이런 조치가 확실한 사전주의 원칙(precautionary principle)[8]에 입각해 이루어졌다고 밝혔다. 원인 규명이 완벽하지는 않아도 일정 수준 이상의 건강 위해 가능성이 인지된다면 일단 사용 자제를 권고할 수 있다고 본

---

7   보건복지부 질병관리본부 보도자료, 「가습기살균제, 원인미상 폐 손상 위험요인 추정: 최종 인과관계가 확인될 때까지 사용 및 출시 자제 권고」, 2011년 8월 31일.

8   역자에 따라 사전예방의 원칙이라 표기하기도 한다.

것이다. 8월 31일의 발표는 계절의 영향을 받기도
했다. 사람들이 보통 건조한 날씨가 시작되는 가을
부터 가습기를 많이 사용하니, 가습기살균제가 다
시 시장에 나오기 전에 행정 조치를 내려야 한다는
판단이었다.

골든 타임을 지키려면

이상의 논의에 참여한 역학자와 예방의학자들은
나와의 인터뷰에서 질본이 역학조사를 단지 위험
요인을 밝히는 조사 차원으로 보고 명확한 인과관
계를 밝힐 추가 조사를 요청한 점에 아쉬움을 드
러냈다. 제품 판매를 금지하지 않고 사용과 출시를
자제하라는 권고만 내린 점이 문제라고도 했다.

　　나날이 전문 분야가 세분화되고 전공 사이의
진입장벽이 높아지는 현대 사회에서 모든 사회 구
성원을 납득시킬 만한 강력한 증거를 찾을 수 있을
까. 역학자에게는 충분히 확실한 증거가 정부와 독
성학자에게는 불확실하다고 여겨지는 상황은 일견
과거의 담배 소송과 겹쳐 보인다. 우리가 위험성을
자명하게 받아들이는 담배조차 건강 위해성이 사회
적으로 합의되기까지 오랜 시간이 걸렸다. 1950년

대 미국에서 담배와 건강 피해에 관한 법정 공방을 벌일 때 확실한 인과에 내재된 불확실성은 늘 핵심 논쟁거리였다.

법정에서의 판단은 확실한 증거와 원칙을 바탕으로 한다. 이들은 증거가 조금이라도 불확실하다면 죄나 책임을 묻지 않는다. 잘못된 판단을 내리면 안 되기 때문이다. 과거 법정은 흡연으로 인한 피해가 과학적·의학적으로 100퍼센트 확실하지 않다면 그 인과관계가 불확실하다고 보았다. 이러한 법정 논리를 잘 알고 있던 기업은 담배로 인한 피해가 확실하다는 피해자 측의 주장에 맞서 유해함을 확인하기 어렵다는 연구 결과를 증거로 제출했다. 담배의 유해성을 과학적으로 불확실한 것으로 만들며 기업의 책임을 피하려 한 것이다.

법정의 완고함이 달라진 것은 1990년대에 진행된 소송에서부터다. 이 소송의 증거로 채택된 기업 내부 문건에는 담배회사가 이미 제조 단계에서 담배의 유해성과 중독성을 알고 있었다는 사실이 담겨 있었다. 이처럼 과학적 불확실성은 얼마든지 다르게 활용되고 심지어 조작될 수 있다. 과학적 확실성이 충분해야 한다는 기업의 주장은 법적 또는 정치적 판단이 필요한 상황에서 불확실성이 자

아내는 사람들의 의심을 이용하려는 것에 불과할 수 있다.[9]

현대 사회에서 과학적 불확실성이 항상 문제로 떠오른다면, 지금 우리에게 필요한 능력은 그때그때 상황에 맞는 대처를 하는 것 아닐까? 사람들은 대체로 논쟁이나 토론에서 더 확실한 증거를 내세우는 사람이 승리한다고 생각한다. 그래서인지 사회적 논쟁의 참여자들은 늘 확실함을 찾으려 노력하고, 확실함을 내세우는 목소리에 귀를 기울인다. 그러나 많은 아픔과 슬픔은 대체로 확실하지 못하다. 이런 사안에서는 근거의 확실성보다 신속한 조치가 더 중요할 것이 분명하다.

확실성을 유연하게 보고 합의할 수 있다는 말은 때때로 우리 사회의 기본 원칙을 없애자는 과격한 주장이나 사회의 혼란이 커질 수 있다는 우려로 이어진다. 그런데 정치적 결정이 항상 일관된 기준이나 굳건한 확실성을 근거로 이루어지는 것은 아

9   Michaels, D., *Doubt is their product: How industry's assault on science threatens your health*(New York: Oxford University Press, 2008); Oreskes, N., & E. M. Conway, *Merchants of doubt: How a handful of scientists obscured the truth on issues from tobacco smoke to global warming*(New York: Bloomsbury Press, 2010).

니다. 도리어 우리는 일상에서 반대의 순간과 자주 마주친다. 2023년 말 종료 예정이던 일회용품 사용 금지 계도기간이 소상공인의 고충을 이유로 무기한 연장된 사례처럼 말이다.

많은 과학적 연구가 때마다 다른 불확실성으로 사회와 연결된다면 적어도 사회 전체의 피해와 관련된 사안에 있어서는 서로 다른 확실성을 용인할 수 있어야 한다. 과학적 불확실성에 대한 이해와 합의가 없다면 적절한 골든 타임을 찾기보다 손에 잡히지 않는 확실함을 좇는 데 더 많은 사회적 자원을 쓰게 된다. 역학조사 결과를 두고 도돌이표를 그린 여러 전문가가 빠진 함정이다.

수거 명령을 내리다

전문가 사이에서 확실성의 마지막 조각은 복잡한 준비를 마친 동물흡입독성실험이었다. 2011년 9월 27일부터 3개월 계획으로 시행된 동물흡입독성실험은 여러 노출 조건을 설정해 쥐와 같은 실험동물에 시험물질을 흡입시키고, 동물의 생체 반응과 조직학적 변화를 확인하는 식으로 진행됐다.

한국화학연구원 부설 안전성평가연구소의 흡

입독성연구센터는 동물실험을 하기에 앞서 가습기를 통해 분무된 가습기살균제 입자가 사람에게 흡입될 수 있는지를 확인했다. 사전 실험은 가습기를 통해 사람이 흡입할 수 있는 가습기살균제 입자가 발생한다는 사실을 확인시켜 주었다. 이를 바탕으로 연구진은 다량의 입자가 사람의 호흡기에 침착될 수 있다는 가설을 세웠다. 이어 진행된 동물실험에서 연구진은 시험용 체임버에 실험 쥐를 넣고, 가습기에서 방출되는 것과 같은 조건을 구현하기 위해 각 제품의 나노입자를 만들어 체임버 내로 주입했다. 가습기살균제가 실제로 동물의 폐에 손상을 끼쳤는지를 확인하고자 노출 1개월 후와 3개월 후에 각각 실험 쥐를 부검해 폐조직 변화를 관찰했다.[10]

독성실험 결과는 8월의 행정 조치보다 강한 정치적 결정을 내리는 데 필요했다. 마지막 실험을 준비하고 결과를 분석하는 동안 가습기살균제 제품은 하루하루 더 팔려 나갔다. 동물실험 결과가 얼추 마무리되어 가자 정부는 최종 결과를 확인하

10 　보건복지부 질병관리본부 폐손상조사위원회, 『가습기살균제 건강피해 사건 백서』(2014).

고 그간 미뤄 둔 조치를 시행하기 위해 조사와 시험에 참여한 전문가와 대면하는 자리를 마련했다. 그 과정을 좀 더 자세히 보자면 이렇다. 11월 2일 질본은 동물실험 1차 부검과 조직병리검사를 진행하고 있으며 결과에 따라 제품 강제 수거 등의 조치가 가능할 것이라고 밝혔다. 이윽고 이틀 뒤(11월 4일) 가습기살균제 사용 중단 강력 권고가 내렸다. 1차 부검 결과 일부 가습기살균제를 흡입한 실험 쥐에서 피해자와 비슷한 폐 손상이 관찰되었기 때문이다. 질본은 병리학적 최종 판독, 전문가 검토를 거쳐 최종 결과를 확정할 것이라고 설명했다.

11월 8일 서울아산병원 의료진과 연구진이 실험 쥐의 폐 병리 조직과 환자에게서 채취한 폐 병리 조직을 비교했다. 현미경으로 두 조직을 살핀 전문가들은 환자와 동물 모두에서 동일한 손상이 보인다고 결론내렸다. 이틀 뒤 열린 회의에서 강제 수거 명령을 적용할 가습기살균제 제품의 범위가 공식적으로 논의되었다. 정부의 발표와 결정은 매일 실시간으로 언론에 보도되었다. 동시에 가습기살균제 피해자모임과 환경보건시민센터 등의 시민단체는 국회 토론회를 열어 정부의 소극적 대처를 지적했다.

다음 날인 11월 11일 가습기살균제 6종에 대한 수거 명령이 시행됐다.[11] 역학조사, 동물흡입실험 결과와 전문가 검토가 명령의 근거로 언급됐다. 정부는 첫째, 역학조사 결과 가습기살균제가 위험 요인으로 추정된 점, 둘째, 동물흡입독성실험 결과를 근거로 인과관계를 확인할 수 있다고 판단했다는 점, 마지막으로 관련 분야 전문가들도 이를 검토하고 동의했다는 점에서 가습기살균제를 원인 미상 폐 손상의 원인이라고 볼 수 있다고 밝혔다. 이로써 수많은 피해자를 낳은 제품, 그럼에도 대형 마트나 슈퍼마켓에서 누구나 손쉽게 구매할 수 있었던 제품이 비로소 시장에서 사라질 수 있었다.

수거 명령이라는 행정 조치는 2011년 4월 서울아산병원의 최초 신고 이후 7개월 동안 다양한 분야의 전문가가 지난한 토의와 실험을 거쳐 과학적 불확실성에 겨우 합의한 결과로 볼 수 있을 것이다. 질본과 역학, 약학, 독성학, 보건학, 임상의학 전문가들이 협력과 논의, 조사와 실험을 반복하는 과정에서 핵심은 서로 다른 과학 분야에서 생산

---

11 6종 제품은 옥시싹싹 New 가습기당번, 세퓨 가습기살균제, 와이즐렉 가습기살균제, 아토오가닉 가습기살균제, 홈플러스 가습기청정제, 가습기클린업이었다.

된 증거를 확실하다고 볼 수 있는가에 달려 있었다. 가습기살균제에 사용된 물질이 정말 피해를 불러오는지, 그 피해의 종류는 무엇인지에 대한 과학 지식이 전무한 상황에서 이루어진 2011년의 조사와 실험은 당시 상황에서는 최선의 자원을 가지고 최대한의 확실성을 찾아가는 과정이었다.

그러나 수거 명령이라는 합의를 이끌었다고 해서 이 실험 결과와 조사 자료가 가습기살균제의 독성과 피해 모두를 밝혀낸 것은 아니었다. 이후 더 많은 사례가 알려지면서 가습기살균제 사용과 피해 사이의 관계는 불확실성의 영역으로 되돌아갔다.

3장

참여하는 전문가

2011년 8월 원인 미상 폐 손상의 위험 요인으로 가습기살균제가 추정된 후에도 문제의 제품은 사람들의 손 닿는 곳에서 줄곧 팔렸다. 가습기살균제 사용으로 호흡기에 문제가 생긴 피해자와 그 가족, 피해자와 연결된 시민단체는 정부가 병의 원인을 조사하는 것은 물론 또 다른 피해 사례가 없는지 알아봐야 한다고 요구했다. 가습기살균제는 어느 마트에서나 손쉽게 구할 수 있는 제품이었기에 분명 알려진 것보다 더 많은 피해자가 있을 터였다.

　　질병관리본부는 동물흡입독성실험으로 인과관계를 명확히 하는 일이 다른 무엇보다 우선이었다. 추가 연구가 이어지는 동안 가습기살균제 제품을 제조·판매한 기업들은 '확실한 결과'를 기다리며 어떤 조치도 취하지 않았다. 이런 대처는 11월 수거 명령이 발동된 후에도 변함없었다. 마트에서는 가습기살균제가 사라졌지만 그 외에는 아무 일도 일어나지 않았다.

화학물질을 사용한 공산품이 원인으로 확인되자 질본은 자신들의 주관 업무가 감염병 관리이므로 이후의 피해 조사 업무는 자기 소관이 아니라는 태도를 보였다. 현재 산업통상자원부로 이름을 바꾼 지식경제부, 환경부 등 공산품과 화학물질 관리를 담당하던 부처도 나서기를 꺼렸다. 정부와 전문가 사이의 오랜 합의로 이루어진 조치는 현상의 원인을 밝혔을 뿐, 피해자의 문제를 해결하는 쪽으로 힘있게 나아가지 못했다.

조사 다음의 관문

한 슈퍼히어로 영화는 "큰 힘에는 큰 책임이 따른다."라는 대사로 유명하다. 손에서 거미줄을 뽑아내는 초능력만큼은 아니더라도, 사람들은 정부 관계자나 특정 분야의 전문가에게 큰 힘이 있다고 여기고 그들이 활약하기를 기대한다.

그러나 환경피해와 소비자 제품 피해 상황 대

부분에서 권한을 가진 전문가의 대처는 결코 빨리 이루어지지 않는다. 담배 유해 물질의 영향으로 주민 다수가 건강 피해를 본 한 마을의 사례를 보자. 전북 익산 장점마을은 담배를 만들고 남은 찌꺼기로 비료를 생산하던 비료 공장에 오랜 기간 잠식되어 주민 다수가 암에 걸리고 말았다. 2017년 주민 청원으로 건강영향조사가 실시되어 그해 12월에 착수보고회가, 이듬해 7월 중간보고회가 열렸다. 중간보고회에서 주민의 집단 암 발병과 비료 공장 사이에 역학적 관련성이 있다는 잠정적인 결론이 공유되었지만 환경부는 이를 인정하기 힘들다는 뜻을 고수했다. 2019년 11월 열린 최종보고회 때에야 주민들은 건강 피해의 인과성을 공식적으로 인정받을 수 있었다.[1]

　　일회용 생리대 유해성 논쟁에 대한 정부의 대처는 더 답답하다. 소비자와 환경시민단체가 생리대 유해성 논쟁을 제기한 것은 2017년 8월이었는데, 건강영향조사는 2018년부터 2021년까지 몇 년에 걸쳐 겨우 두 차례 이루어졌다. 2021년 4월에

1　　익산 장점마을과 관련해서는 시사IN 기획기사 「장점마을의 17년, 해바라기꽃 필 무렵」 참조. https://jangjeom.sisain.co.kr

환경부, 식약처, 질병관리청이 4년간의 조사 결과를 합동으로 발표할 예정이었지만 차일피일 미루어졌다. 이미 도출된 연구 결과를 발표만 하면 되는 상황임에도 이 한마디가 되풀이될 따름이었다. "부처 간 합의가 이뤄져야 한다." 결과 발표가 지연된 경위를 다룬 2021년 11월의 언론 보도는 부처 간 떠넘기기의 전형을 보여 준다.

생리대 건강영향조사 주관 부처인 환경부는 "부처 간 협의중"이란 입장이다. 고○○ 환경부 피해구제과 사무관은 "식약처와 질병청이 우려하는 부분은 생리대 건강영향평가 결과가 전국민적 관심 사안이기 때문에 국민의 오해가 없도록 하는 차원이라고 본다. 조속히 협의를 마치고 발표할 수 있도록 노력하겠다"고 했다. 식약처 대변인실은 "환경부·식약처·질병청이 함께 정부 차원의 입장을 정리해가는 과정 중"이라고 밝혔다. 질병청 국립보건연구원 관계자는 "내부 검토 중이라 드릴 말씀이 없다"고 했다.[2]

---

2   박고은, 「"가려움·통증, 생리대 탓일 수 있다"…정부 조사결과 6개월 전 나왔다」, 《한겨레》, 2021년 11월 11일.

한 해가 지나 2022년 10월 환경부가 발표한 최종 결과는 다음과 같았다. "일회용 생리대 사용에 따른 휘발성유기화합물 노출과 주관적으로 느끼는 생리 관련 불편 증상 사이의 관련 가능성을 배제할 수 없다." 정부가 진행한 대다수의 환경 피해 조사 보도자료에는 결론 요약 뒤에 한 꼭지가 더 붙는다. 대개 이번 조사를 통해 직접적 인과관계를 확인한 것은 아니며, 추가 조사와 연구가 필요하고, 관련 부처가 협의해 연구와 조사를 계속해 나갈 것이라는 내용이다. 생리대 논쟁에 관한 의견 역시 마찬가지였다.

다만 이 결과는 역학적 관찰연구로서 화학물질이 생리 증상의 직접적 원인이라는 인과관계를 확인한 것은 아니며, 생리대 사용으로 인한 화학물질 노출과 생리 증상 간의 통계적 관련성을 살펴본 초기 단계 연구인 만큼 환경부와 식품의약품안전처는 함께 추가 연구 검토 등 필요한 조치사항을 협의해 나갈 계획이다.[3]

---

3   환경부 보도자료, 「일회용생리대 건강영향조사 연구 결과 공개」, 2022년 10월 21일.

일회용 생리대 건강영향조사 민관공동협의회 위원이었던 최경호 서울대학교 보건대학원 교수는 환경부와 식약처를 향해 정부가 조사 결과를 폄훼하고 있다며 비판했다.[4] 정부가 엄연한 조사 결과를 두고 '인과관계를 확인한 것은 아'닌 '초기 단계 연구'라 말하며 연구의 중요성을 희석시키고 있다는 것이다. 최 교수는 "추가 연구 필요성을 협의"하겠다면서도 "일회용 생리대를 계속 사용해도 된다."라고 발표한 정부 입장이 혼란스러울 따름이라고 했다. 독성학 전문가인 그는 이러한 위해 평가가 화학물질과 인체건강영향 사이의 인과를 명확히 드러내기보다 독성이 잘 알려진 몇몇 물질의 피해만 밝힐 뿐이라는 것을 알고 있었다.

정부 스스로 일회용 생리대와 여성 건강 사이의 인과관계를 밝히고자 한 3년간의 조사를 폄훼할 이유는 무엇일까? 생리대 시장의 규모를 고려하면, 더 확실한 인과관계를 찾아야 한다는 말 뒤에는 산업계와 시장의 이해관계가 숨어 있다.

생리대는 생물학적 여성이라면 누구나 매달

---

4   최경호, 「'일회용 생리대 위험성 조사' 결과 폄훼하는 환경부와 식약처」, 《한겨레》, 2022년 10월 26일.

수십 년을 사용해야 하는 제품이다. 2023년 여성환경연대가 실시한 일회용 생리대 구매 경험 실태조사를 보면 생리대 사용자는 생리 기간마다 평균적으로 약 25개의 생리대를 사용하며 생리대 구입에 약 1~2만 원을 쓴다.[5] 국내 생리대 시장은 시장점유율 상위 3개 기업이 전체 시장의 75퍼센트를 점유하고 있으며 이익 극대화를 위해 제품 가격을 높게 책정하고 있다.[6] 이렇게 안정적이고 이익이 큰 시장이 버티고 있다면 제품이 안전하지 않다는 정부의 공식 발표는 당연히 쉽게 나올 수 없다.

설령 정부의 주장처럼 독성에 대한 조사와 연구가 더 필요하다고 할지라도 그와 별개로 적절한 개입 또한 이루어져야 한다. 사람들이 일회용 생리대를 계속 써도 된다면 정부와 기업은 유해성의 부담을 지는 사람들을 위해 어떤 조치를 할 것인지, 유해성 논쟁이 끝난 후 어떤 대책과 규제를 마련할

5   서정희, 「일회용 생리대 구매경험 실태조사 결과 발표 및 분석」, 《민주시민, 월경정책을 제안하다: 일회용 생리대의 안전성과 가격안정화 정책을 위한 토론회》, 2023년 10월 18일.

6   최기원, 「월경용품 가격안정화 3법 & 여성청소년 생리용품 전면지원법 추진가능성 및 현황과 과제」《민주시민, 월경정책을 제안하다: 일회용 생리대의 안전성과 가격안정화 정책을 위한 토론회》, 2023년 10월 18일.

것인지를 답해야 한다. 대다수의 환경과 건강 피해 사례에서는 연구와 조사가 더 필요하다는 말이 반복되기만 한다.

"가만히 있으라."라는 말은 세월호 참사만이 아니라 한국 사회의 여러 재난과 사고에서 등장하고 있다. 가만히 있으라고 직접 말하지 않더라도 아무 대처가 이루어지지 않는 상황 자체가 피해자들에게 가만히 있으라는 무언의 압박으로 작용한다. 과학의 불확실성이 과학적 사실을 얼마나 신뢰할지를 두고 벌어지는 논쟁이라면, 이러한 논쟁이 끝내 피해자를 위한 책임 있는 행동으로 이어지지 않을 때 문제는 더욱 커진다.

환경재난에서 어떤 피해가 있는지, 그 피해의 원인이 무엇인지를 확인하는 과정은 멀고 험하다. 피해가 확인되었다 하더라도 어디서 책임을 질 것인지가 다시 논의되어야 한다. 모든 과정이 지연될 때마다 피해자가 고통받는 시간은 길어진다. 더 큰 피해가 생길지도 모르는 상황에서 정부나 기업의 결정을 가만히 기다릴 수만은 없다. 더 큰 힘을 가진 사람이 아무것도 하지 않을 때 우리는 어떤 방법을 택할 수 있을까?

활동 전선에 선 전문가

「돈 룩 업」의 정책결정자가 과학적 불확실성을 입맛대로 다루며 무책임함을 드러내는 장면은 그리 낯설지 않다. 재난 상황에 적절한 대처가 이뤄지지 않을 때, 이러한 의사결정과 관련된 전문가들은 흔히 '연구만 하는 사람'으로 연출되곤 한다. 한 축에는 무능하고 기회주의적인 전문가 상이, 다른 한 축에는 소수의 행동하는 지식인 상이 있다.

　　보통 사람들이 일상에서 가장 마주치기 쉬운 전문가는 대학교수일 것이다. 대학생이라면 일정 기간에 수시로 교수를 대하게 되겠지만 이들이 전문가에 보내는 관심은 학점을 잘 주는지, 강의를 잘하는지 정도다. '논문은 거대한 원 중에 하나의 점을 연구하는 데 불과하다'는 학문의 진리를 담은 경구나 '대학원생은 교수가 시키면 곰도 냉장고에 넣는다'는 자조적인 유머는 학계라는 전문가 사회에 들어선 후에야 의미가 생생해진다. 나 역시 대학원에 진학해 처음 학회를 가고 다양한 전공의 교수와 박사들을 보며 교수, 전문가, 연구자가 어떤 일을 하는지, 이들이 어떤 집단인지를 어렴풋하게나마 알 수 있었다.

대학의 문제가 사회 면에 자주 노출되면서 학계 내부 구성원은 물론 교수라는 직업군에 대한 세간의 평가도 이전 같지 않다. 자신만 옳다고 생각한다, 학생의 노동력을 착취한다, 연구만 하느라 사회적인 교류를 잘하지 못한다 등의 부정적인 이미지는 비단 대학교수만의 문제가 아니기도 하다. 그들이 가진 지식과 권위가 사회적 문제를 해결하는 데 큰 도움을 주지 못한다는 것이 지금의 한국 사회가 전문가 집단에 갖는 주된 인식이다.

그런데 전문성 자체와 지식 생산 주체를 둘러싼 갈등과 정치를 분석하는 과학기술학의 연구는 '무능한 전문가 대 행동하는 지식인' 구도와 다른 방식의 접근을 취한다.

사회적 갈등 상황에 어떤 지식이 우위를 점하는가를 살피는 연구에 따르면 전문가 중에는 시민과 피해자의 편에서 현장 중심의 지식을 생산하는 이가 있고, 그들의 지식이 사회에서 변화를 만든다.[7] 전문가에 대한 나의 인식은 이러한 전문성

---

7 전문성의 정치(the politics of expertise)에 관한 과학기술학 연구로는 다음을 참조. 강연실, 「한국석면운동의 지식 정치: 먼지 분석법과 석면오염 측정 논란을 중심으로」, 《과학기술학연구》 18(1)(2018), 130~175쪽; 김종영, 『지민의 탄생』(휴머니

의 정치를 연구하며 조금씩 달라졌다. 시간이 지나며 전문가들이 왜 이런 활동을 하는지에 대한 궁금증도 생겼다. 노동, 환경, 에너지 분야에서 건강 피해와 관련된 국내 사례를 조금만 살피다 보면 공통적으로 눈에 들어오는 이름이 있다. 그들은 가습기살균제 사례에 어김없이 등장했다. 가습기살균제 제품을 제조하고 판매한 기업, 허술한 규제로 팔려서는 안 될 물건을 허가한 정부 어디서도 문제 해결에 나서지 않자 피해자들은 시민사회 그리고 현장의 지식을 만드는 전문가와 일찍부터 연대에 나섰다.

전문성의 정치라는 관점에서 본 가습기살균제 참사는 세상 어디에도 없었던 비극적인 사건에 그치지 않는다. 더 많은 사회 영역과 집단이 참여한 연대체는 가만히 있으라는 정부를 바꾸는 힘을 발휘했다. 의사결정자가 지녀야 할 책임감과 거리를 두고 연구에 매진하던 전문가 집단 역시 피해자와

스트, 2017); 김종영·김희윤, 「'삼성백혈병'의 지식정치」, 《한국사회학》 47(2)(2013), 267~318쪽; 김지원·김종영, 「4대강 개발과 전문성의 정치」, 《환경사회학연구 ECO》 17(1)(2013), 163~232쪽; 이영희, 「전문성의 정치와 사회운동: 의미와 유형」, 《경제와 사회》 93(2012), 13~41쪽.

의 접촉을 통해 이전과 다른 모습을 보였다. 그런데 이런 조사와 연구를 할 수 있는 자원은 한정되어 있고, 연구를 맡을 전문가도 부족하다. 내가 환경피해 사례에서 같은 이름을 반복해 볼 수밖에 없었던 이유이기도 하다.

가습기살균제 참사 초기에 형성된 피해자와 시민사회 그리고 전문가 집단의 연대체를 보며 나는 우리 사회에 존재하는 전문가의 다른 모습을 좀 더 드러내고 싶었다. 원인 파악이 불분명한 재난에 맞서기 위해 과학의 힘이 요구된다면, 전문가와 힘을 합칠 방법을 먼저 알아야 하기 때문이다.

실험실을 벗어난 전문성

2011년 봄에 원인 미상 폐 질환에 관한 보도가 진행된 후 역학조사에 참여한 피해자와 가습기살균제를 사용한 다른 피해자들은 인터넷 카페를 만들어 의견을 교환했다. 카페에 가입한 피해자들이 환경보건시민센터라는 단체에 조언을 구하려 연락하면서 피해자와 시민단체, 전문가 집단의 연결망이 구축됐다. 환경보건시민센터는 "환경이 건강해야 몸도 건강하다!"라는 기치를 내세운 시민운동단체다. 2010년 창립한 이후 석면, 공해 등 건강 피해를 초래하는 환경문제와 관련된 운동을 전개해 왔다. 2000년대 중후반 석면 피해자 보상 운동의 흐름 속에 설립된 센터의 창립선언문은 전문가와 운동가, 피해자가 아시아 지역의 공해 문제 해결에 함께 앞장서야 한다고 밝히며 '피해자 운동'을 한층 강조한다.

환경보건시민센터는 시민운동단체이면서도 환경피해에 관한 논문과 보고서를 생산할 수 있는 전문성이 있었다. 환경보건 운동을 하는 시민단체가 전문성을 지녔다는 것은 무슨 의미일까? 과학기술학 연구는 '과학 지식이 다른 지식보다 특별한가'라는 문제를 파고들며 자연스레 과학 지식을 생산하고 연구하는 과학자들이 어떤 특별한 능력, 즉 전문성을 가지고 있는가라는 질문에 관심을 기울였다. 일군의 학자는 전문성의 유형을 설정해 전문가와 시민이 생산한 지식이 어떻게 다른지 또는 어떻게 다르지 않은지를 구분하려 했다.[8] 이러한 논

8   Brian Wynne, "May the Sheep Safely Graze? A Reflexive View of the Expert-Lay. Divide," Scott Lash, Bron Szerszynski, & Brian Wynne(eds.), *Risk, Environment and Modernity*(Sage, 1996), pp.44~83; H. M. Collins & Robert

의 아래에는 두 심화 질문이 있다. 하나는 '과학 지식은 전문가만 생산할 수 있는가?'라는 물음이고, 다른 하나는 '전문성이 요구되는 의사결정 상황에 시민은 어디까지 참여할 수 있는가?'라는 참여의 문제다. 이때 민주적인 과학 지식 생산 과정을 강조하며 과학적 불확실성이 큰 사안일수록 시민들의 참여가 필요하다고 보는 입장도 있다.[9]

Evans, "The Third Wave of Science Studies: Studies of Expertise and Experience," *Social Studies of Science* 32(2002), pp.235~296; Sheila Jasanoff, "Breaking the Waves in Science Studies: Comment on H. M. Collins and Robert Evans, 'The Third Wave of Science Studies'," *Social Studies of Science* 33(2003), pp.389~400.

9   Steven Epstein, "The Construction of Lay Expertise: AIDS Activism and the Forging of Credibility in the Reform of Clinical Trials," *Science, Technology, & Human Values* 20 (1995), pp.408~437; Frickel, S., et al., "Undone science: charting social movement and civil society challenges to research agenda setting," *Science, Technology, & Human Values* 35(4)(2010), pp.444~473; Stilgoe, J., Lock, S. J., & Wilsdon, J., "Why should we promote public engagement with science?," *Public Understanding of Science* 23(1)(2014), pp.4~15; Braun, K. & Konninger, S., "From experiments to ecosystems? Reviewing public participation, scientific governance and the systemic turn," *Public Understanding of Science* 27(6)(2018), pp.674~689.

실제로 환경보건·산업안전 운동에 관한 연구는 비전문가와 피해자가 전문가와 연합해 생산한 과학 지식이 피해자 지원과 보상에 영향을 끼칠 수 있다고 강조한다.[10] 피해자와 시민단체의 노력과 지속적인 요구로 신속히 석면피해구제법이 제정되고 피해를 인정받았듯이 말이다. 환경보건시민센터는 이러한 종류의 승리를 취한 경험이 있는 단체였다. 또 센터의 핵심 활동 인물인 소장과 공동대표 중 한 명은 보건학·의학 박사인 전문가였다. 다시 말해 이 센터는 혼종적 정체성을 가진 구성원의 능력과 자원을 활용해 환경피해와 관련된 지식 생산과 피해자 운동을 모두 포괄한 활동을 하는 기관이었다.[11]

이런 활동이 가능했던 이유는 센터 소장과 공동대표의 배경과 활동 이력으로 가늠할 수 있다. 환경보건시민센터 창립부터 현재까지 소장을 맡고 있는 최예용은 1980년대부터 전업 환경운동가로 활동해 온 동시에 서울대학교 보건대학원에서 석면 수출에 관한 연구로 환경보건학 박사학위를

10   김종영·김희윤, 앞의 글.
11   강연실, 앞의 글.

받았다. 그를 지도한 백도명 서울대학교 보건대학원 명예교수는 산업의학과 환경보건 전문가로 오랜 기간 작업장 안전, 공해 문제와 관련된 연구에 활발히 참여해 온 전문가이자 환경보건시민센터의 공동대표를 맡은 활동가다. 백도명 교수는 삼성 백혈병 문제, 산업단지 주변 공해 피해, 쓰레기 소각장과 핵발전소로 인한 피해, 석면, 가습기살균제, 라돈 등 유해 물질로 인한 피해 등 우리 사회에서 벌어진 건강 피해 문제 대부분의 조사와 연구에 두루 참여해 왔다. 언론은 그를 "의사이자 과학자, 연구활동가"로, "'과학의 이름'으로 약자의 곁"에 서는 학자이자 "피해자에게 떳떳한 과학자"로 소개한다.[12]

이처럼 과학자의 전문성이란 진리를 탐구하고 밝히는 데만 활용되지 않는다. 전문가와 활동가의 경계를 넘나들며 과학자의 전문성도 재구성된다.

---

12   황예랑, 「피해자에게 떳떳한 과학자: '청부 과학자'가 판치는 시대, 가습기 살균제 피해자 편에 선 국내 산업보건학계 권위자, 백도명 서울대 교수 인터뷰」, 《한겨레21》, 제1112호; 장은교, 「'연구활동가' 백도명, '과학의 이름'으로 약자의 곁에 서다」, 《경향신문》, 2020년 8월 22일.

현장에서만 알 수 있는 것

전문가이자 활동가로 건강 피해 문제의 최전선에서 활동해 온 최예용 소장과 백도명 교수는 피해자들의 연락과 언론 보도로 가습기살균제 피해를 인지했다. 정부의 행정 조치와 수거 명령이 이루어지는 과정을 지켜보던 두 사람은 가습기살균제 사용 현황과 피해 실태를 시급히 확인하기로 했다. 물에 직접 화학물질을 섞어 사용하는 가습기살균제라는 제품이 버젓이 팔리고 있었다는 사실을 활동가들조차 몰랐기에 이 제품이 얼마나 어떻게 팔렸는지, 피해자들이 어떤 증상을 호소하고 있는지를 서둘러 파악해야 했다.

환경보건시민센터는 2011년 8월 31일부터 자체 조사한 피해 사례를 보고서로 발행하고 언론에 알렸다. 약 일주일 뒤(9월 8일)에는 가습기살균제 피해자모임과 기자회견을 열어 유아 사망, 환자, 산모 환자 피해 사례와 가습기 판매 실태를 알렸다. 1차 발표에서 이들이 파악한 피해 규모는 영유아 사망 5건, 환자 1건, 산모 사망 1건, 산모 피해 1건 등 8건이었다. 정부의 발표보다 피해 사례가 훨씬 많을 것이라는 짐작대로 사례는 9월 20일 2

차 발표에서 50건, 11월 9일 3차 발표 33건이 더 추가되었다. 11월 30일 4차 발표까지 확인된 사례는 총 153건이었다. 앞서 5월 질본이 진행한 역학조사 사례는 총 18건이었는데, 가습기살균제 피해가 공론화되고 센터에서 꾸준히 피해자 제보를 받으며 피해 사례는 계속해서 늘었다. 그 결과 두 달만에 확인된 피해 사례가 100건이 넘게 되었다.

　피해 사례 조사를 통해 시중에서 판매되던 가습기살균제 제품의 종류도 알려졌다. 수거 명령이 내린 6개 제품 외에도 수많은 가습기살균제 제품이 가습기세정제, 가습기퍼니셔, 가습기청정제, 가습기향균제 등의 이름으로 판매되고 있었다. 정부가 정확한 피해 규모와 가습기살균제 제품의 시장 현황조차 파악하고 있지 못할 때 시민단체와 피해자모임이 자체적으로 이를 확인하고 언론에 알리는 형국이었다.

　이러한 노력에도 피해 규모가 늘어나는 만큼 사회적 관심이 자라지는 못했다. 정부조차 피해를 외면하고 있는 상황에, 더 많은 사람의 관심을 끌지 못한 것은 어찌 보면 당연한 일이었다. 세간의 이목을 끌고자 환경보건시민센터가 택한 방법은 11월 9일로 예정된 3차 피해 사례 발표 때 각계 사회 인사의 도움을 받아 성명서를 발표하는 것이었다. '가습기살균제 인명피해문제의 조속한 해결을 촉구하는 각계 사회 인사'라는 이름으로 묶인 문화예술계, 종교계, 보건의료계, 법조계, 학계, 국회의원, 환경단체의 전문가 48명이 이 성명에 참여했다.[13] 이들은 이전까지 환경보건시민센터와 피해자모임에서 주장했던 내용을 다시 한번 정리해 정부에 요구했다. 가습기살균제 상품 판매금지, 범정부차원의 대책 제시, 가습기살균제 제품 회수와 피해신고 센터 설치, 피해기금 조성 등은 이전의 요구와 크게 다르지 않았으나 피해 당사자와 환경보건계 바깥의 사회 구성원이 문제 해결을 위한 목소리를 냈다는 점에서 의미가 있었다.

사람들 대다수가 가습기살균제 제품이 팔리는지 모르고, 해당 제품이 피해를 준다는 사실도 느리게 퍼지는 상황에 환경보건시민센터와 전문가 집단도 정확한 피해 규모를 예측하는 데 어려움

13　환경보건시민센터, 「생활용품이 살인기계로 돌변한 이 사태를 어찌할 것인가? 확인된 피해만 백여 명에 이르는 태아, 영유아, 소아, 청소년, 산모와 성인의 사망과 치명적 질환발병 사태를 어찌할 것인가?」, 환경보건시민센터 보고서 2011-30호, 2011년 11월 9일.

을 겪었다. 유일한 방법은 기자회견과 국회 토론회를 열어 가습기살균제 피해를 새로 인지한 사람들에게 제보를 받고 얼마나 많은 제품에 의해 피해가 있었는지를 하나하나 확인하는 길뿐이었다. 행정과 정치 영역의 전문가가 아무도 움직이지 않을 때 과학과 시민사회의 전문가가 행동에 나서 전대미문의 환경재난의 실체를 파악하고 있었다.

학계가 나서다

2011년 말 백도명 교수는 질병관리본부 관계자와 만나 원인을 밝히는 조사만 할 것이 아니라 문제가 어떤지 제대로 확인해야 한다고 요구했다. 그러나 질본은 이 일이 자신들의 소관이 아니라는 반응을 보였다. 보건 당국이 조사를 확대할 생각이 없다는 것을 확인한 두 활동가는 자체 조사를 실시하기로 하고, 한국환경보건학회에 도움을 요청했다. 1971년 한국환경위생학회라는 이름으로 창립한 이 학회는 환경오염과 건강 영향 관련 연구를 수행하는 환경보건학 전문가가 다수 활동하고 있었다.

　한국환경보건학회 임원진은 2012년 1월 신년 회의에서 학회 차원에서 비용을 모금해 가습기살균제로 인한 피해 실태를 조사, 연구하기로 결의했다. 이러한 자체 조사는 "우리나라 환경보건 역사에 중요한 사건으로 기록될" 환경피해 사건의 객관적인 자료를 마련해 "향후 비슷한 사건의 재발을 방지하고 환경보건 수준을 향상하는 데 기여할 것"이었다.[14] 회원들의 성금은 만 원도, 5만 원도, 10만 원도 좋았다. 임원진은 모금 공지를 올리며 학회 차원의 연구진을 구성해 피해자 전수를 대상으로 노출 실태와 병원기록 및 정신건강영향을 조사하는 연구에 착수하겠다고 했다. 여기에는 대학에 속한 전문가 8인과 대학원생 및 환경보건 연구원, 학회원이 아닌 전문가 2인이 포함되었다.

조사에 참여한 연구원들은 환경보건시민센터에 피해를 신고하고 연구 참여에 동의한 76가구에 방문해 가습기살균제 사용 여부와 현황, 노출 조건과 환경, 질병 여부를 확인하고 기록했다. 가습기살균제 물질의 유해성, 건강 영향, 사용 실태에 관한 연구가 사실상 전무했으므로 연구팀은 설문지 문항을 설계하고 개발하는 작업부터 시작해야

14   한국환경보건학회, 「학회 자체 연구 추진을 위한 회원 성금 모금: 가습기살균제 피해 실태 조사」, 한국환경보건학회 홈페이지, 2012년 3월 4일.

했다.

임종한 인하대학교 의과대학 교수는 피해 가정에 방문해 이야기를 듣고 조사를 진행할수록 가습기살균제 사건의 피해 규모가 크고 각 피해자의 상처가 깊다는 것을 절실히 느끼게 되었다고 했다.[15] 그는 특히 한 가정에서 있었던 일을 생생히 기억했다. 자식을 잃은 어머니가 눈물을 흘리며 피해 상황을 설명하는 와중에 그녀의 시어머니는 며느리가 가습기살균제를 구입해 손주를 잃었다며 원망 섞인 말을 터뜨렸다. 가습기살균제로 인한 피해가 건강상의 피해뿐 아니라 가족 구성원 간의 갈등과 슬픔, 원망, 우울까지를 포괄해 나타난다는 점을 피해가정이라는 현장에서 직접 확인한 것이다.

같은 해 5월 한국환경보건학회가 발표한 조사보고서는 가습기살균제 피해 발생 이후 초기 피해 현황을 자세하게 기록한 거의 유일한 자료다.[16] 가습기살균제를 사용하던 피해자들은 가습기살균제의 유해성을 알게 된 후 사용을 멈췄는데, 이렇게

---

15   임종한 교수 인터뷰, 2019년 10월 2일, 2021년 12월 13일.
16   박진영·구도완, 「가습기살균제 참사와 전문가 대응 활동」,《환경사회학연구 ECO》24(1)(2020), 135~179쪽.

살균제 물질에 더 이상 노출되지 않았을 때 개인에 따라 증상이 회복되기도 했다. 원인 미상의 질병에서는 피해를 인지한 초기에 기록을 남기는 일이 무엇보다 중요하다. 피해자, 시민사회, 전문가의 연대체가 초기 피해 사례를 기록으로 남긴 덕에 어떤 부분의 조사와 연구가 더 필요한지를 정리할 수 있었다.

이 보고서는 피해 신고를 한 이들 대부분이 가습기살균제 사용 이전에 특별한 질병이 없는 건강한 상태였다고 전한다. 가습기살균제 피해자모임과 환경보건시민센터에 접수된 전체 피해 사례 95명 중 사망자가 31건(33퍼센트), 장기이식은 6건(6퍼센트), 호흡기 질환은 58건(61퍼센트)이었다. 사망자 중에서도 어린이와 가임기 여성이 각각 65퍼센트와 26퍼센트를 기록했다. 건강피해 증상의 발생 시점은 가습기 사용이 증가하는 겨울철 1월부터 초봄 4월 사이에 집중되어 이 기간이 67퍼센트를 차지했다. 피해자와 가족의 정신 건강 영향 차원에서는 이들이 외상 후 스트레스 장애(PTSD), 불안을 경험하는 비율이 매우 높다는 것도 확인되었다.

전문성의 가능성

학회의 보고서는 가습기살균제 사용과 폐 질환과의 연관성과 다른 유해인자로 인한 위험 평가를 하지 못했다는 한계를 밝히고 있지만, 학회의 조사 과정에서 논의되고 합의된 내용이 이후 가습기살균제 노출과 피해 조사의 기초가 되었음은 분명하다. 2012년 말 보건복지부 질병관리본부 산하에 구성된 폐손상조사위원회는 이 자료를 토대로 조사 범위와 추가 조사 요인을 설정했다. 또 2년 뒤인 2014년에는 학회의 조사 내용이 환경보건 분야의 국제학술지에 논문으로 실렸다.[17]

　이전까지 가습기살균제 성분 물질의 유해성에 관한 연구 결과가 거의 없었기 때문에, 전문가들은 국제 사회에 새로운 위험을 알리고 학계의 도움을 받길 원했다. 논문의 교신저자인 박동욱 한국방송통신대학교 환경보건학과 교수는 처음 학회지에 논문을 투고했을 때 게재 거절을 여러 번 당했다고 한다. 가정에서 이런 심각한 폐 손상이 일어날 리

17　Park, D., Leem et al., "Exposure characteristics of familial cases of lung injury associated with the use of humidifier disinfectants," *Environmental Health* 13(70)(2014).

가 없다는 이유에서였다.[18]

이처럼 시민단체, 피해자, 전문가 집단의 연대체는 가습기살균제 참사의 초기 단계부터 대책 마련을 위한 기록 활동을 꾸준히 했다. 나는 전문가들의 학술연구 집단인 학회가 성금을 모아 자발적으로 피해 실태를 조사한 적극성을 특별히 기억하고 싶다. 전문가들은 개인적이고 사회 문제에 무관심하며 자신의 이익을 위해서만 활동할 것이라는 편견과 달리 사회적 재난과 연대하는 전문가 또한 분명 있다. 이들의 활동은 소수의 양심적인 지식인이 아닌 '다수의 연대하는 지식인'의 활동이 가능하다는 점을 보여 준다.

조사에 참여한 연구자는 "사회를 떠들썩하게 만든 환경보건 문제인 가습기살균제 사건의 피해 조사를 해 달라는 피해자들과 시민단체의 요청을 학회가 자체적으로 경비를 갹출해 가면서 조사에 나선 것은 매우 보기 드문, 전문가 집단의 사회 참여 사례"라고 자평했다.[19] 현장 조사에서 가족을 잃은 며느리와 시어머니 사이의 갈등을 목격한 임

---

18   박동욱 교수 인터뷰, 2019년 9월 17일.
19   폐손상조사위원회, 앞의 책, 55쪽.

94

종한 교수는 이때의 경험이 가습기살균제와 관련한 연구와 활동에 계속 참여하게 된 계기가 되었다고 말했다. 전문가의 적극성은 이후에 구성된 위원회에서의 활동, 피해구제 개선 연구 및 환경 노출 조사 연구, 특히 소송 판결에 관한 성명서 발표와 기자회견 진행까지 참사 대응에 필수적인 주요 활동으로 번져 나갔다.

피해자와 시민사회의 요청이 전문가들이 연대할 시작점을 마련했다면, 막 타오르기 시작한 불씨에 바람을 불어넣고 불길을 지핀 것은 운동 진영과 학계 모두에서 전문가이자 활동가로 움직인 과학자들이었다. 이들의 전문성은 과학적 방법론에 따라 결과를 도출하는 과정 전반에서, 재난과 침묵에 맞서 전문가의 사회적 책무를 다하는 과정에서 힘을 발휘했다. 논문이라는 오래된 형식 밖에서 빛난 전문성이었다.

4장

합의에 이르는 길

2011년 피해자와 시민사회, 전문가의 연대체는 가습기살균제로 인한 피해의 실체를 밝히고 대책을 만들기 위해 뭉쳤다. 이들 중 일부는 그로부터 8년이 지난 2019년에 열린 사참위의 진상규명 청문회에 직접 참석했다. 실시간 보도를 통해 현장 소식을 접한 사람도, 더 이상 청문회에 참여할 수 없게 된 사람도 있었다. 8년이라는 시간은 길었다. 지쳐서 활동을 그만둔 사람, 기업 배상을 일부 받고 모임에 나오지 않게 된 사람, 생업이 바빠지거나 건강이 악화되어 나오지 못한 사람 등 저마다의 사연이 꼬리를 물었다. 나는 박사논문을 위한 자료를 한창 수집하던 중 청문회에 가 볼 마음을 먹었다.

사과하라는 외침

나는 약간 긴장된 마음으로 방청석에 자리를 잡고, 주위를 둘러보았다. 방청석 난간과 벽에 현수막이 여럿 붙어 있었고, 피해자분들은 현수막이나 피켓을 들고 있었다. 모두 피해자 단체가 제작한 것이다. 눈에 띄는 노란색, 초록색, 파란색 배경 위에는 그보다 더 시선을 잡아채는 문구가 빨간색, 흰색, 노란색으로 쓰여 있다. "살인대기업 정부통합배상", "살인기업 옥시RB 3, 4단계 사망자 피해자 사죄 배상", "환경부를 특검하라", "질병관리본부 특검하라", "가습기살균제 참사 징벌적 손해배상", "정부는 재난선포 국가법적 책임인정", "공소시효 폐지, 기업살인 처벌법".

기업 관계자, 전 보건복지부 장관, 전현직 환경부 장관 등이 증인으로 나와 발언할 때마다 피해자들이 외쳤다. "사과하세요!", "피해자들에게 제대로 사과하세요." 청문회 위원은 증인들에게 제대로 사과할 의사가 있는지 거듭 물었다. 사과한 증인도 있었지만 하지 않은 증인도 있었다. 사과하지 않은 증인의 대답은 한결같았다. 이전에 사과한 적이 있다, 대통령이 사과했기 때문에 자신이 할 필요는 없다는 식이었다.

피해자들이 단순히 사과의 말을 듣고자 소리치진 않았을 것이다. 사과와 함께 10년 가까운 시간이 흐르고도 여전히 제대로 이루어지지 않은 피해 대책과 보상 계획을 세워 달라는 간절한 호소였을 것이다. 2019년에 보았던 누구의 마음에도 가닿지 않는 공허한 사과가 2022년 12월 '진정성 있는 국가의 사과'를 바라는 이태원 참사 유가족의 소식을 통해 다시 떠오른다. 누구도 사과하지 않거나 마지못해 사과하더라도 책임은 지지 않으려는 상황의 연속이다.

아래는 청문회 속기록을 옮겨온 것이다. 속기록에는 방청석에서 터져 나온 피해자의 발언이 그대로 적혀 있다. 하지만 피해자들의 누적된 분노와 슬픔은 미처 다 옮기지 못했다.

최예용 위원 무겁게만 생각하십니까? 혹시 증인은 SK케미칼의 전 대표이자 지주회사인 SK디스커버리의 대표로서 이 자리에 있는 피해자들에게 사과할 의향이 있습니까?

("사과하십시오." 하는 사람 있음)

최○○ 증인(전 SK케미칼(주) 대표이사) 예.

최예용 위원 사과할 의향이 있으세요?

최○○ 증인 예, 있습니다.

최예용 위원 그러면 사과하시지요.

(장내 소란)

장완익 위원장 예, 조용히 해 주십시오.

(최○○ 증인 방청석을 향해 고개 숙임)

최예용 위원 애경그룹을 대표한 증인은 그런 사과를 할 의향이 있습니까?

채○○ 증인(애경산업(주) 대표이사 부회장) 있습니다.

최예용 위원 사과하시지요.

("애경 직원 모두 사과하세요, 김○ 증인 사과하세요.", "감옥가야 돼요!"라고 하는 사람 있음)

(뒤돌아서 인사하는 채○○ 증인)

(중략)

최예용 위원 증인, 그렇게 조건을 달고 그렇게 하면 그것이 사과라고 받아들여지겠습니까?

채○○ 증인 조건을 다는 것이 아닙니다.

(장내 소란)

(중략)

최예용 위원 예, 어떤 계획을 갖고 계십니까?

채○○ 증인 지금 단독으로 저희 '가습기메이트' 사용하시는 분들과 지속적인 소통을 하고 있었는데 저희 쪽이 제안한 것이 의견 차이가 있어서 지금 조금 지연된 상태라고 알고 있습니다. 성심껏 제가 돌아가서 확인하고 성심껏 접촉하고 소통해서 조금이라도 나은 결실이 있도록 노력하겠습니다.

(장내 소란)

최예용 위원 실망스럽습니다. 사과의 말씀을 하시면서 그 정도의 말씀을 하신다니, 이제까지 소통을 해왔고 부족하니 조금 더 하겠다. 유감스럽습니다.

채○○ 증인 죄송합니다.

최예용 위원 SK케미칼도 그렇고 애경도 그렇고 그동안에 피해자들과 국민들에게 사과 하고 피해 대책을 내놓을 그런 기회를 계속 놓쳐왔다고 생각해서 사실은 이번 청문회가 여러분들한테 그런 좋은 기회가 되리라고 저는 속으로 기대를 했습니다. 마치 지금 옆구리 찔러서 사과받은 듯한 느낌이에요.

("그냥 가습기살균제 쓰고 죽으세요!"라고 하는 사람 있음)

유감입니다. 이상입니다.[1]

---

1 가습기살균제사건과 4·16세월호참사 특별조사위원회, 「진상규명 청문회 속기록」, 2019년도 가습기살균제 진상규명 청문회, 2019년 8월 27~28일.

피해를 객관화하다

내가 가습기살균제 참사 관련 토론회, 포럼, 공청회에 갔을 때 피해자들은 가습기살균제를 제조하고 판매한 기업과 이를 허용한 정부뿐 아니라 전문가들에게도 사과하라고 발언했다. 이들의 사과 요구는 '4단계'라고 불리는 가습기살균제 폐 손상 판정 기준을 만든 전문가, 피해를 인정하지 않는 판정을 내린 전문가를 향했다.

　4단계는 2014년 3월 보건복지부와 환경부가 가습기살균제 폐 손상 '의심 사례'의 조사 결과를 발표하며 공식화되었다. 폐 손상 의심 사례들은 전문위원회의 판정 결과에 따라 4단계, 곧 가능성 거의 확실함(Definite, Very Likely), 가능성 높음(Probable), 가능성 낮음(Possible), 가능성 거의 없음(Unlikely)으로 구분됐다. 피해자에게 적절한 보상을 약속할 것이라 기대되었던 전문가의 합리적인 기준은 건강 피해를 협소하게 설정한 데 더해 피해자를 '진짜' 피해자와 '가짜' 피해자로 나눈다고 맹렬히 비판받았다. 피해 가능성이 낮거나 거의 없음에 해당하는 3, 4단계 판정을 받거나 그조차 받지 못한 피해자들은 피해 판정 기준과 피해자 지원 대책을 근본적으로 바꾸어야 한다고 목소리를 높였다.

피해자의 애끓는 목소리와 정책결정자, 일부 전문가의 건조하고 차가운 반응이 대비되는 청문회 현장은 전문가 대 비전문가가 대립하는 전형적인 구도로 보였다. 가습기살균제 참사에서 피해자 운동의 결과로 얻은 피해 판정 기준이 도리어 피해자와 전문가 사이의 깊은 골을 만든 연유는 무엇일까?

피해자모임과 시민사회, 학계 연대체의 자발적인 활동은 가습기살균제 피해에 관한 많은 진실을 밝혀냈다. 그러나 피해 양상과 규모를 전부 파악하기에는 역부족이었다. 연대체의 지속적인 요구로 정부는 수거 명령을 내린 지 1년 만에 폐손상조사위원회라는 민관합동 조사위원회를 구성해 공식적인 피해 조사에 착수했다. 통상적으로 재난 조사(disaster investigation)를 위한 위원회는 재난의 발생 원인을 파악하고 책임을 묻기 위해 조사를 시행한다. 국내에서는 2015년 세월호 참사 조사위원회가 단일 재난조사를 위한 최초의 재난조사기구로 구성되었고, 2017년 가습기살균제사건과 4·16세월호참사 특별조사위원회가 두 참사 모두를 조사하기 위해 조직되었다.

그런데 폐손상조사위원회는 재난조사기구의 일반적인 활동과 달리 역학조사와 독성 흡입 실험에서 미처 다 밝혀지지 않은 피해 양상을 더 자세히 조사하는 데 초점을 맞췄다. 위원회의 목표는 "폐 질환에 대한 당시까지의 조사 자료를 검토하고 정리된 결과들을 종합"해 "신고된 사례들을 대상으로 가습기살균제로 인한 피해를 객관적으로 판정할 수 있도록 하는 것"에 한정되었다.[2]

수거 명령 후 1년이 지나도록 전담 부처가 정해지지 않았기에 조사위원회의 구성은 질병관리본부의 소관에 놓였다. 위원회는 건강 피해를 파악하기 위한 각 분야의 전문가들로 구성되었으며 연대체에서 조사 경험이 있는 전문가도 포함되었다. 공동위원장은 역학·감염병 전문가인 최보율 한양대학교 의과대학 교수와 백도명 서울대학교 보건대학원 교수가 맡았으며 위원회 실무 담당인 두 간사는 민에서는 최예용 환경보건시민센터 소장이, 관에서는 구성 당시 질병관리본부 과장이 당연직으로 맡았다. 질본이 제안한 조사위원은 모두 이전에 가습기살균제 관련 일을 해 본 감염병 전문가였고

2   폐손상조사위원회, 앞의 책, 68쪽.

시민단체와 학계에서는 역학, 보건학 전문가가 참여해 조사위원들의 학문적 배경은 비교적 균형적인 편이었다.

이 위원회는 신고 사례를 조사하고 검토해 가습기살균제로 인한 폐 손상 정도를 확인하고 분류하는 작업을 했다. 그런데 어느 전문가에게나 불확실한 영역이었던 가습기살균제 피해의 기준을 만들고 합의하고 논의하는 과정은 "장님이 코끼리를 만지는 것"과 비슷했다.[3] 살균제의 인체 영향, 임상 증거에 대한 지식이 전혀 없는 상황에서 각 분야 전문가들은 자신의 지식과 전문성을 바탕으로 피해의 일부나마 파악하고자 했다. 그러나 이들이 만든 '객관적인 판정 기준'이 이후 정부가 시행한 피해 지원 정책의 근거가 되면서 4단계 기준은 가습기살균제 피해 주체와 보상을 둘러싼 논쟁의 핵심 쟁점으로 변모했다. 일부 피해자가 폐손상조사위원회의 위원을 잘못된 기준을 만든 원흉으로 지목하고 전문가의 사과를 요구하게 된 배경이다.

우리가 위원회의 지난 조사 과정을 살피며 그

3   가습기살균제사건과 4·16세월호참사 특별조사위원회, 「시민단체, 언론, 전문가 등 공공영역의 가습기살균제 참사 대응활동 분석」(2019).

한계를 보아야 할 이유는 4단계와 관련된 전문가들의 활동을 변호하거나 옹호하기 위해서가 아니다. 전문가와 정책결정자들이 거듭된 실험으로 원인 미상의 폐 손상의 병인을 특정하려 했을 때와 마찬가지로 피해의 판정 기준을 만드는 과정도 과학적 불확실성이 크고 참고할 만한 선행 지식이 거의 없는 상태에서 진행되었다. 이러한 조사 과정을 꼼꼼히 살피고 그 안에 존재했던 갈등이나 합의의 지점을 파악하는 일은 또 다른 환경피해 사례에서 골든 타임을 놓치지 않기 위한 예비 작업이다.

추가 조사를 위한 공세

폐손상조사위원회의 활동은 처음부터 난항이었다. 이 위원회는 첫 번째 추진 회의가 있은 지 7개월 후에야 본격적인 활동에 나섰다. 조사 범위와 방법에 관해 위원들과 질본 사이의 이견이 좁혀지지 않았기 때문이다.

　　주요 갈등 지점은 보건복지부가 추가 조사를 허가하지 않았다는 것이었다. 2013년 4월 4일 열린 5차 회의에서 위원들은 신고가 접수된 피해자의 폐 섬유화 증상을 조사하기 위해 폐 CT 촬영,

폐기능검사, 임상검사와 설문조사 등을 실시해야 한다고 했다. 이 비용을 충당하려면 보건 당국의 허가와 지원이 필요했는데, 보건복지부에서는 법적 근거가 부족해 불가능하다고 했다. 2년 전과 마찬가지로 화학물질로 인한 피해에 대해 부처에서 지원할 법적 근거가 없다는 답변이 돌아왔다.

어떤 결정을 내리려면 법적 근거가 있어야 한다는 정부의 논리는 환경재난에서 거듭 등장한다. 당시 법에서 질병관리본부의 법적 업무는 '전염병 역학조사'로 명시되었고 화학물질 피해 조사는 지정되어 있지 않았다.[4] 일부 화학물질 관련 업무를 담당하는 환경부는 처음부터 보건복지부가 맡아서 한 일이기 때문에 해당 부서에서 진행해야 한다고

---

4   2013년 당시 「보건복지부와 그 소속기관 직제」 제7장 제30조 (직무)에는 "질병관리본부는 국민보건향상 등을 위한 감염병, 만성 질환, 희귀 난치성 질환 및 손상(損傷) 질환에 관한 방역·조사·검역·시험·연구업무 및 장기이식관리에 관한 업무를 관장"한다고 지정하고 있었다. 코로나19 발생 이후 2020년 9월 12일부터 질병관리본부는 질병관리청으로 승격되었다. 「질병관리청과 그 소속기관 직제」에서는 질병관리청이 "방역·검역 등 감염병에 관한 사무 및 각종 질병에 관한 조사·시험·연구"에 관한 사무를 관장하는 것으로 지정하고 있다. 법제처, 「질병관리청과 그 소속기관 직제」, 대통령령 제31677호, 2021년 5월 11일 일부개정 및 시행.

했다. 서로 책임을 회피하는 와중에 보건복지부 관계자는 시민단체와 피해자들의 투명한 조사 요구에 따라 조사위원회를 꾸린 것이라고 말하기도 했다. 그는 가습기살균제 노출 시점으로부터 시간이 지나 CT 촬영이 큰 도움이 되지 않을 것이라고 보았다.[5] 연대체의 요구가 아니었다면 조사위원회가 꾸려지지도, 추가 조사를 진행하지도 않았으리라는 점을 짐작하게끔 하는 대목이다. 가습기살균제 참사와 같이 기존의 법으로 포섭되지 않는 피해가 등장하면 적절한 조치는 마냥 늦춰지고 만다. 오로지 '책임질 근거'에 기대는 정부의 소극적인 태도에 문제 해결의 골든 타임은 또 한 번 지나간다.

　더는 검사가 지체되어서는 안 된다고 판단한 위원들은 강경책을 내세웠다. 4월 11일 이들은 보건복지부가 추가 조사 의견을 수용하지 않는다면 전원 사퇴하겠다는 서한을 질본에 전달했다. 다음 날에는 가습기살균제 피해자모임, 환경보건시민센터, 환경운동연합 세 단체가 공동 성명서를 통해 피해조사가 계속해서 지연되고 있는 상황을 지적

5　송윤경, 「가습기살균제 추가조사 불허에 폐손상조사위 반발… 복지부 "인과성 규명 한계"」, 《경향신문》, 2013년 4월 12일.

했다.

— 어린 딸을 죽음의 문턱에서 겨우 구해내 지금도 폐 질환을 앓고 있는 딸의 아버지인 강○○ 씨는 "그동안 수백 명의 가습기살균제 피해자들은 정부에 정확한 피해 조사와 대책 마련을 요구해왔다. 벌써 3년째. 복지부가 피해 대책은 자기네 소관이 아니라고 해 왔는데 우리 피해자들은 신고된 피해 사례에 대한 조사만은 진행되고 있는 줄 알았다. 참으로 어처구니없는 상황이다."라고 말했다.

— 배 속의 아기와 아내를 같이 잃고 직장도 그만둔 피해자 안○○ 씨(부산 거주)는 "말도 안 되는 얘기다. 법적 근거가 없는데 조사위원회는 왜 구성했냐? 피해 신고는 왜 받았냐? 대한민국 정부에 몇천만 원이 없어서 수백 명이 죽고 다친 사건을 조사도 안 한단 말이냐? 이게 나라냐?"라고 울분을 터뜨렸다.[6]

---

6   환경보건시민센터, 「박근혜정부는 국민생활안전을 외면할 셈인가?」, 2013년 4월 12일.

위원 사퇴 사건이 있고서 약 한 달이 지나 질병관리본부는 가습기살균제 폐손상 의심사례 조사를 재개한다고 발표했다. 질본은 총리실 주관 부처 간 협의 결과에 따라 조사를 재개하며, 폐손상조사위원회의 제안을 수용해 폐 CT, 폐기능검사 등의 수행 기관으로 국립중앙의료원을 선정해 검사를 진행할 것이라 밝혔다. 지체되고 있는 사례 조사 계획 수립을 "조속히 재정립"해 "접수된 의심 사례에 대하여 과학적으로 타당한 조사 결과를 신속히 도출"할 것이라 알렸다.[7] 이미 조사 시작부터가 늦어 피해자들은 고통의 나날을 보냈음에도 정부는 법적 근거와 담당 부처의 업무와 조사의 타당성과 예산 등 정부가 제시할 수 있는 거의 모든 이유를 대며 조사를 지연시켰다.

최선의 판정을 위한 절차

폐손상조사위원회의 활동은 단계별로 나뉘어 진행됐다. 이들의 조사 과정 자체는 나 역시 참여해 본

<hr />

7   보건복지부 질병관리본부 보도자료, 「가습기살균제 폐손상 의심사례 조사 재개」, 2013년 5월 6일.

일반적인 연구용역과 크게 다르지 않았다. 발주처가 수행할 업무의 범위를 제시하면 용역수행기관이 충실히 연구를 수행하는 식이다. 이들 위원회는 가습기살균제를 사용한 환경과 건강 피해 현황과 증상에 초점을 맞춰 피해 사례를 조사하려 했다. 용역 과제를 맡은 서울대 보건대학원은 환경 조사를 했고, 국립중앙의료원에서는 검진 자료를 모았다.

수집된 자료를 분석한 뒤에는 별도의 판정위원회가 판정 기준을 도출하고 최종 종합 판정을 내릴 폐손상조사위원회는 자택 방문 조사, 임상 검사, 판정위원회의 자료 검토와 개별 자료 판독 및 취합, 종합 판정 등 다양한 형식으로 피해 사례를 조사했다. 위원회가 마련한 폐 손상 판정 과정 역시 기계적인 기준을 개별 사례에 일괄적으로 적용하는 식이 아니라 여러 전문가가 개별 사례를 검토하고 합의에 따라 적절한 기준을 설정하는 방식을 따랐다. 위원회의 원래 목표대로 각 분야 전문가들은 합의, 조율과 논의를 거듭하는 복잡한 절차 속에서 개별 사례를 꼼꼼히 검토했다.

건강영향평가 분야, 환경노출평가 분야, 역학 분야 세 분야의 전문가 18명으로 구성된 가습기살균제 폐손상 의심사례 판정위원회[8]는 조사 기획 단계에 기준을 미리 수립하고 그 기준에 맞추어 판정을 진행하기로 했다. 조사 결과에 따라 기준을 만들면 결국 사례를 설명하기 위한 아전인수격 기준이 될 뿐이라는 우려 때문이었다. 문제는 기준을 수립할 때 참고할 수 있는 연구가 거의 없다는 점이었다. 2011년 수행한 역학조사 결과 정도가 참고할 수 있는 거의 유일한 자료였다. 위원회 소속 전문가들은 이 연구 결과에 나타난 병리적 특성, 역학적 특성을 고려해 기준을 마련할 수밖에 없었다.

2011년 역학조사의 사례는 모두 사망에 이르거나 심각한 호흡곤란을 호소한 환자를 대상으로 했기에 폐 질환이 가장 주요한 증상이었다. 사람의 폐는 해부학적으로 여러 조직으로 나뉜다. 예를 들어 오른쪽 폐는 상엽·중엽·하엽으로, 왼쪽 폐는 상엽과 하엽으로 나뉘는데, 이러한 작은 조직을 소엽

---

8   위원회는 세부 분야별로 관련 분야의 경험과 지식을 갖춘 전문가를 3인 이상 구성하는 것이 원칙이었다. 그렇게 해야 서로 다른 결과가 나오더라도 조율을 할 수 있다는 판단에서다. 최종적으로 조직병리 판독 2인, 영상의학 판독 4인(성인호흡기질환 2인, 소아호흡기질환 2인), 임상의학 판독 6인(내과 3인, 소아과 3인), 환경평가판독 3인, 역학분석 3인으로 위원회가 구성되었다. 조직병리 분야는 전문가가 많지 않아 2인으로 구성되었다. 폐손상조사위원회, 앞의 책, 16쪽.

이라 한다. 가습기살균제를 흡입한 폐, 특히 초기 연구 대상인 피해자의 폐에서는 주로 소엽에서 손상된 조직이 스스로 회복하는 과정에서 콜라겐, 섬유소 등 세포 이외의 성분을 방출해 섬유 조직이 형성되는 섬유화 증상이 관찰되었다. 따라서 위원회 전문가들은 가습기살균제로 인해 특징적으로 발생하는 증상을 '소엽 중심성 섬유화를 동반한 폐 질환'으로 보고 이에 따른 기준을 세웠다.

이전까지 신고된 피해 사례가 가습기살균제로 인한 피해가 맞는지를 확인하기 위해 전문가들은 두 가지 항목을 확인하는 방식의 판정 기준에 최종 합의했다. 첫째, 환경 노출 기준은 피해자의 가습기살균제 사용 환경을 조사해 환경 노출을 인정하는 방식이다. 이 기준은 남은 가습기살균제 제품, 영수증과 같은 가습기살균제 구입 문건, 사진 등을 확인하거나 제품 구입 시기와 사용 방법에 대한 진술을 통해 확인되었다. 둘째, 임상 판정 기준은 조직 및 영상 검사 소견, 전문가의 임상 소견 등을 통해 피해자의 질병 양상이 '소엽 중심성 섬유화를 동반한 폐 질환'과 부합하는지를 하나하나 확인하는 방식이다.[9] 최종 판정은 두 기준에 따른 결과를 모두 고려해 이루어졌다.

판정에 나선 전문가들은 의견이 다른 사례를 두고 논의와 합의를 거듭했다. 예를 들어 임상 분야의 판정에서 말단기관지, 폐포 부위에 살균제 노출로 볼 수 있는 피해 양상이 비치는 사례가 있다면 그와 연계된 환경 분야 판정 결과를 나란히 검토해 살균제 노출 여부를 종합적으로 판단했다. 이미 가습기살균제를 사용한 시기가 지났거나 제품을 가지고 있지 않은 신고자들도 있었기 때문에 조사 대상자들의 노출 근거에 대한 신뢰는 자료에 따라 차이가 있었다. 그렇지만 위원회는 전체 조사 대상자들에게서 노출이 확인되는 것으로 판단했다. 이처럼 4단계 기준과 종합 판단은 누군가의 독단으로 뚝 떨어진 것이 아니었다. 가습기살균제 피해의 불확실성 속에 여러 분야 전문가의 합의로 마련된 최선의 기준이었다.[10]

종합 평가를 거쳐 최종적으로 피해를 인정받은 사람들은 다음과 같은 판정 문구를 받았다. "귀하의 거주환경 조사를 통한 환경노출 평가와 귀하가 제출한 임상자료 판독에 근거하여 판정하였을

9   위의 책, 8쪽.
10   위의 책, 96쪽.

때, 귀하의 질병은 가습기살균제로 인한 말단기관지 부위 중심의 폐 질환 가능성이 거의 확실한 것으로 판단됩니다." 원인도 모른 채 오랜 기간 폐 질환으로 고통받아 온 피해자들은 마침내 자신들의 병이 가습기살균제로 인한 것임을 확인받았다. 한편 이와 비슷한 수의 피해자가 반대의 통지를 받았다. "귀하의 거주환경 조사를 통한 환경노출 평가와 귀하가 제출한 임상자료 판독에 근거하여 판정하였을 때, 귀하의 질병은 가습기살균제로 인한 말단기관지 부위 중심의 폐질환 가능성이 거의 없는 것으로 판단됩니다." 가습기살균제의 화학물질에 노출되었음에도 병리적, 영상의학적, 임상적으로 폐의 질환을 확인하기 어렵다는 이유에서 "가능성 거의 없음"이라는 판정을 받은 것이다.

가짜 피해자라는 말

약 8개월의 조사 후 2014년 3월 폐손상조사위원회는 모든 피해신고자에 대한 조사와 판정을 마쳤다. 가습기살균제 피해에 대한 첫 조사인 이 조사에서 총 361명에 대한 판정 결과는 다음과 같았다. '거의 확실함' 127명(35.2퍼센트), '가능성 높음' 41

명(11.4퍼센트), '가능성 낮음' 42명(11.6퍼센트), '가능성 거의 없음' 144명(39.9퍼센트), '자료 부족으로 인한 판정불가' 7명(1.9퍼센트). 가능성이 높은 쪽에 해당하는 1, 2단계 피해자가 168명(46.6퍼센트), 가능성이 낮은 쪽에 해당하는 3, 4단계 피해자가 186명(51.5퍼센트)로 전체 피해신고자 중 가능성이 낮은 쪽의 피해자 수가 좀 더 적었다. 절반 이상의 피해자가 가습기살균제를 사용했음에도 건강상으로는 피해가 없다는 판정을 받았다.

기준을 도출하는 데 참여한 전문가들은 폐 질환을 중심으로 초기 기준을 결정할 수밖에 없었던 한계를 인정했다. 이들은 361명의 기존 신고 사례에는 위중한 사례부터 가벼운 증세까지 여러 사례가 포함되어 있었으나 4단계 기준을 마련하기 위해 진행한 추가 조사에서는 급성 내지는 아급성 폐 손상 사례로 범위가 한정되어 장기간 진행되는 건강 영향까지 다루지 못했다고 설명했다. 심혈관계 질환이나 호흡기 암을 비롯한 질병, 피해자와 그 가족의 정신 건강 영향, 임산부 환자의 태아의 건강 상태, 그 외 수집되지 않는 사례에 대한 장기적이고 지속적인 추적 관찰은 후속 과제로 남았다.[11]

그러나 조사위원회의 의도와 달리 4단계 기준

에 담긴 "거의 확실함", "가능성 거의 없음"이라는 문구는 현실에서 건강 피해의 확실성을 구분하는 낙인이 되었다. 더욱이 이 기준은 피해자들 사이에도 깊고 오랜 갈등을 낳았다. 기업의 배·보상 이전에 정부가 피해나 의료비를 지원하는 피해구제가 위원회가 설정한 기준에 따른 1, 2단계 판정자만 대상으로 삼았기 때문이다.

2019년 5월 사참위가 주최한 한 포럼에서 전문가들이 가습기살균제 피해구제법의 문제점과 개선방안을 발표한 적이 있다. 발표자와 토론자는 기존 법의 문제점을 지적하며 진짜 피해자, 가짜 피해자라는 용어를 사용했다. 전문가들은 현재 상황의 문제점을 지적하기 위해 그 용어를 사용했지만 포럼에 참석한 일부 피해자는 "우리 환자들은 가짜 피해자가 아닙니다. 그런 부분에 대해서 사과해 주세요. 불편합니다."라고 발언했다.

이 상황을 지켜보며 나는 4단계 구분과 이를 바탕으로 한 정책이 피해자들에게 깊은 상처를 남겼음을 알 수 있었다. 가습기살균제를 사용한 기억이 있고, 그로 인해 신체적 불편함을 겪었음에

---

11   위의 책, 36쪽.

도 판정을 위해 요구되는 증거들은 지금 상황에서 다시 구하거나 만들어 내기 어려운 경우가 많았다. 이렇게 전문위원회의 논의를 통해 도출된 과학적 합의의 결과물은 초기 목적과 달리 피해구제 정책의 단계 구분으로 활용되었고, 피해자를 구분하는 기준이 되면서 전문가에 대한 불신과 비판의 목소리를 키웠다.

3차 때 피해 접수하면서 폐 섬유화 사진, 폐 이식 수술한 내용, 폐 조직검사 결과 등을 다 보냈어요. 나는 이렇게 아프고 큰애는 그렇게 하늘로 갔으니 설마 안 돼도 2단계는 나오겠지, 했는데 3단계래요. 할 수 있는 걸 다 해서 보냈는데 아니라고 하니 더는 방법도 없고……. (중략) 기준 자체가 잘못됐다고 생각해요. 기준을 협소하게 만들어놓고 그 안에 들어야 한다잖아요. 보상 안 해주겠다는 소리죠. 판정하는 의사는 그 테두리 안에서 판단할 수밖에 없으니 테두리를 만든 사람들이 잘못됐다고 생각해요. 단계가 없어졌으면 좋겠지만 당장에 해결될 문제도 아니고 기준을 바꾸기는 더더욱 쉽지 않을 것 같아요.[12]

합리적인 기준에 대한 기대와 현실이 어긋난 후로도 일부 전문가들은 연구를 이어 가며 피해자와 함께 4단계 기준을 바꿔야 한다고 목소리를 냈다. 그럼에도 이들은 4단계 기준이 당시로서는 최선의 결과였다고 보았다. 폐손상조사위원회의 초점은 가습기살균제로 인한 피해가 어디까지 가능한가 하는 문제보다 신고된 피해 사례가 정말 가습기살균제로 인해 발생했다고 볼 수 있는가 하는 데 있었기 때문이다.

이후 폐 손상 중에서도 가습기살균제 특이 질병으로 여겨질 수 있는 질환은 관련 연구를 수행한 전문가들에 의해 "가습기살균제 폐 손상(humidifier disinfectant (associated) lung injury, HDLI)"이라는 새로운 질병으로 명명되었다.[13] "가습기살균제 노출에 의해 발생하는 일련의 진단 기준을 충족하는 독특한 형태의 폐 손상"으로 정의되는[14] 이 질병은 세계보건기구가 인간의 질병 및 사망 원인에 관한

12   사회적참사 특별조사위원회(2019), 59쪽.
13   연구자에 따라 '가습기살균제 연관 폐손상', '가습기살균제 관련 폐손상'으로 표기하기도 한다.
14   국립환경과학원, 『가습기살균제 노출과 질환 간 역학적 상관관계 검토보고서』(제2판)(2022).

표준 분류 규정으로 발표하는 국제질병사인분류에 포함되지는 않으나 국내에서 가습기살균제 피해를 확인할 때 쓰인다. 지금은 가습기살균제 노출이 있었고 그 사실이 입증되며 특정 임상증상이 맞으면 환자의 증상을 '인과관계가 확인된 질환'으로 인정하고 있다.

2011년 역학조사에서 동물실험까지의 여정이 여러 학문 분과의 조사·실험 방법을 동원해 차례차례 확실성을 찾아가는 과정이었다면, 폐손상조사위원회 추가 조사는 여러 전문가가 때로는 독립적으로 때로는 함께 모여 불확실함 속에 나름의 해답을 찾아가려는 합의의 과정이었다. 당시까지 주요했던 가습기살균제 피해는 폐 질환에 한정되어 있었기에 피해의 확실성은 폐 조직을 중심으로 판단되었다. 시간이 지나 피해의 규모가 확대되고 다양한 피해 양상이 확인되면서 최초의 판정 기준에 거센 도전이 제기되기 시작했다.

과학과 정치의 다리

5장

과학 연구와 조사 결과가 쌓이면 우리는 무엇을 할 수 있을까? 그 연구가 논문이나 보고서 형태로만 존재한다면 할 수 있는 일은 거의 없다.

많은 연구자가 학술대회나 포럼에서 자신의 연구를 발표하는 이유는 다른 연구자와 교류해 후속 연구를 하거나 새로운 방향의 연구를 하기 위해서다. 연구를 통해 세상을 설명하는 법칙을 발견할 수도, 기술이 개발될 수도, 정책이 변할 수도, 법이 바뀔 수도 있다. 만약 확실하고 객관적인 과학을 가지고 눈에 보이는 사회적 변화를 만들고자 한다면 법적인 근거가 필수적이다. 이과의 상징인 과학과 문과의 상징인 법학은 서로 만날 일이 없어 보이지만 사실은 매우 밀접한 관련이 있다. 법은 정치를 통해 만들어지고 변화한다. 그리고 법은 과학과 정치를 잇는 중요한 다리다.

가습기살균제 피해를 비롯한 많은 환경피해 사례가 발생했을 때 정부는 피해를 확인하고 지원하려면 법적인 근거가 필요하다고 응답했다. 가습기살균제 참사 초기에 전문가들이 참고할 수 있는 전문 지식은 거의 없었다. 전문가들이 맞닥뜨린 공백은 제도 차원에서도 마찬가지였다. '법적 근거의 부재', '이미 있는 법을 적용할 근거 없음' 등은 재난이나 환경피해 사례에서 어렵지 않게 볼 수 있는 표현이다. 일단 상황이 벌어진다면 거의 매 순간에 정부의 신속한 지원과 개입이 요구되지만, 사람들이 정부에게 대책을 요구할 법적 근거가 없는 것이다. 평소에는 특별히 문제 되지 않는 제도의 허점은 사건이 발생한 이후에야 드러난다. 애초에 법이 규정을 촘촘히 했다면 발생하지 않았을 일도 있다. 제도의 공백은 피해나 재난을 야기하는 동시에 재난 이후의 사회 복구에 걸림돌이 된다.

사회적 재난을
법으로 다루기

수많은 조항으로 이루어진 법은 딱딱하고 어려운 것으로 느껴진다. 그러나 눈앞의 법이 어떤 계기로 만들어졌는지, 그 법이 어떤 갈등과 투쟁의 과정을 거쳐 변해 왔는지를 떠올리면 법을 마냥 차가운 대상으로 볼 수 없게 된다.

국회의원 보좌관으로 10년 넘게 일하며 입법과 정책 실무를 해 온 이보라는 각각의 법에는 법을 만드는 데 직간접적으로 참여한 수많은 사람의 마음이 깃들어 있다고 말한다.

법에도 표정이 있다. 「재난 및 안전관리 기본법」(재난안전법)에는 차오르는 눈물과 입 앙다문 결심이 배어 있고, 「가습기살균제 피해구제를 위한 특별법」(가습기살균제법)에는 살균제를 산 가족들의 자책을 국가책임으로 전환하겠다는 회한 섞인 단호함이 있으며, '2050 탄소중립법'에는 곧 닥쳐올 미래에 대한 아슬한 두려움이, '차별금지법'에는 허리를 곧추세우게 하는 단정한 존엄이 있다.[1]

이보라는 「재난 및 안전관리 기본법」이 유족들의 눈물로 만들어진 법이라 말한다. 현재 재난에 관한 광범위한 법적 근거는 2003년 대구 지하철 참사를 계기로 이듬해 제정된 재난안전법을 따른다. 이에 따르면 재난이란 국민의 생명, 신체, 재산과 국가에 피해를 주거나 줄 수 있는 것인데, 재난의 성격에 따라 자연재난과 사회재난으로 나뉜다. 자연재난에는 태풍, 홍수, 혹염, 황사 등 우리가 예상할 수 있는 천재지변 대부분이 포함되어 있다.

코로나19와 같은 감염병이나 미세먼지 등은 자연재난이 아닌 사회재난에 속한다. 사회재난에 대한 정의를 살펴보자.

> 화재·붕괴·폭발·교통사고(항공사고 및 해상사고를 포함한다)·화생방사고·환경오염사고 등으로 인하여 발생하는 대통령령으로 정하는 규모 이상의 피해와 국가핵심기반의 마비, 「감염병의 예방 및 관리에 관한 법률」에 따른 감염병 또는 「가축전염병예방법」에 따른 가축전염병의 확산, 「미세먼지 저감 및 관리에 관한 특별법」에 따른 미세먼지 등으로 인한

---

1   이보라, 『법 짓는 마음』(유유, 2023), 15쪽.

사회재난의 목록은 누군가에 의한 지하철 방화나 기계 오류에 의한 비행기 폭발 사고처럼 그 원인이 자연적 요인이 아니면서 예기치 못하게 발생한 대형 사고로 채워져 있다. 언뜻 보면 자연재난에 속하지 않는다면 사회재난이라고 볼 수도 있겠다. 그러나 현실에서 사회재난의 법적 정의는 자연재난의 여집합이 아니라, 사회재난에 속하는 대표적인 재난의 목록을 추가하는 방식으로 수정되었다.

재난안전법은 개정을 여러 번 거치며 감염병, 가축전염병, 미세먼지 등 현재 우리가 사회적 문제로 인지하는 목록을 포함했다. 가습기살균제 참사에서 짐작할 수 있듯 재난의 원인은 기존 법이 예상할 수 없는 새로운 범주에 속한다. 일반법의 문구를 수정해 신종 재난에 대응하기도, 법을 끝없이 개정해 뒤늦게 목록을 늘릴 수도 없는 노릇이다.

특별법이라는 형식

재난을 법적으로 다루는 데 있어 또 다른 문제가 있

다. 앞서 살펴본 정의상 사회재난에는 화재, 붕괴, 폭발, 교통사고 등 다양한 사고가 포함된다. 하지만 법이 실제로 효과를 낼 수 있느냐는 다른 문제다.

재난안전법에 따르면 지역 축제는 '지역축제장 안전관리매뉴얼'에 따라 운영된다. 하지만 2022년 의 이태원 할로윈 축제는 주최자가 따로 없다는 이유로 이 법이 적용되지 않았다.[2] 또 재난안전법은 정의상 재난과 안전을 관리하도록 하지만 재난이 일어난 경위를 조사하거나 책임 소재를 가리는 조사, 피해구제와 지원의 방법을 정하는 일에는 무력하다.[3]

따라서 재난이라는 예외 상황에는 특별법이라는 법 형식이 가장 먼저 소환된다. 특별법은 어떤 사안과 관련해 사람이나 지역, 기간 등의 제한 없이 일반적으로 널리 적용되는 일반법과 달리 법적 효력이 미치는 범위를 정해 효과를 발휘한다.[4] 실

2   이승욱, 「주최자 없다고 방치된 이태원, 재난안전법·매뉴얼은 무용지물」, 《한겨레》, 2022년 10월 30일.
3   재난안전법 제6장과 제7장에 긴급 구조나 보상에 관한 내용이 일부 포함되어 있으나 이들 조항은 일시적이고 폭발적인 사건 에 효력이 있다.
4   대한민국 정책브리핑, 「법을 일반법과 특별법으로 구분하는 실 익은 무엇인가요?」, 2004년 5월 21일.

제로 재난안전법 제정 이후 발생한 재난 대부분은 특별법 형식으로 법적 근거를 마련했다.[5]

세월호 참사의 경우가 대표적이다. 세월호 참사와 관련된 특별법들은 우리 사회가 이전까지 경험해 보지 못한 충격적인 재난을 겪고 약 600만 명의 국민이 서명한 끝에 만들어졌다. 책임을 회피하는 정부, 세월호의 침몰 원인, 피해 수습 과정, 유가족과 생존자에 대한 공격을 둘러싼 논쟁을 기억한다면 이 재난이 재난안전법상 사회재난의 해상사고라는 항목으로 포섭되지 않는 사건임을 알 수 있을 것이다. 세월호 특별법에서는 사건 조사를 위한 독립 기구를 설치해야 한다는 내용에 더해 이후의 수습 과정에서 피해자가 차별과 혐오로부터 보호받을 권리, 피조사기관이 자료 제출을 거부할 때의 제재 방안 등이 구체적으로 담겨 있다. 모두 재난안전법에는 포함되지 않은 내용이다.

현재 가습기살균제의 피해를 연구하고 구제하

---

5 「4.16 세월호 참사 진상규명 및 안전사회 건설 등을 위한 특별법(2014년 11월 19일 제정)」,「4.16 세월호참사 피해구제 및 지원 등을 위한 특별법(2015년 1월 28일 제정)」,「세월호 선체조사위원회의 설치 및 운영에 관한 특별법(2017년 3월 21일 제정)」,「사회적 참사의 진상규명 및 안전사회 건설 등을 위한 특별법(2017년 12월 12일 제정)」.

기 위한 법적 근거도 특별법 형태로 갖추어져 있다. 2013년 3월 일부개정한「환경보건법 시행규칙」, 2017년 2월 제정된「가습기살균제 피해구제를 위한 특별법」, 2017년 12월 제정된「사회적 참사의 진상규명 및 안전사회 건설 등을 위한 특별법」등이 이에 해당한다. 가습기살균제의 수거 결정과 피해에 관한 추가 조사는 연대체의 끈질긴 요구가 있었기에 가능했다. 다수의 전문가가 최선의 전문성을 발휘해 객관적인 인과관계를 파악한 것은 과학적 노력의 성과였다. 다만 이러한 지식을 근거로 적절한 보상의 법적 근거를 마련하는 일은 다른 차원의 접근을 요구했다.

4단계라는 과학적 기준을 확정 짓고 그 이상의 보상을 거부하는 현실 앞에 피해자 단체와 시민사회, 전문가 집단이 다시 한 번 힘을 모았다. 여기서 법적 근거를 마련하기 위한 정치와 과학적 전문성이 완전히 동떨어진 것은 아니다. 피해자를 위한 제도를 만드는 과정에서 '확실한 증거'는 다시 한 번 심판대에 올랐다. 확실한 과학이 있더라도 이를 활용하지 않는다면 과학이 가진 힘은 금세 약해지고 만다.

환경문제의 범위

2013년 질병관리본부 소관으로 폐손상조사위원회가 구성되고 피해 조사가 시작되었지만 그 전후로도 정부 차원에서 피해 대책을 시행하지는 않았다. 가습기살균제 피해를 어떤 성격의 참사로 규정할지, 이 일을 어떤 정부 부처가 맡아 할 것인지가 결정되지 않았기 때문이다.

정부 부처의 결정은 주로 누가 이 참사에 대한 책임이 있는가와 관련 있었다. 정부는 가습기살균제를 제조하고 판매한 주체가 명백히 존재하는 상황에 스스로 나설 이유가 없다고 보았다. 정작 그 책임의 주체인 기업은 자신들의 제품과 피해 사이의 인과관계가 명확하지 않다며 상황을 회피했다.

2012년 9월 환경보건시민센터와 피해자모임은 환경부가 법적 근거를 마련할 주체가 되어야 한다고 나섰다. 이들이 찾은 활로는 당시 시점으로부터 4년 전(2008년) 제정된 「환경보건법」이었다. 환경보건법은 환경오염과 유해화학물질이 국민의 건강과 생태계에 미치는 피해를 조사하고 규명할 목적으로 제정된 법률이다. 이 법의 하위 조항에 환경성질환의 배상책임에 관한 내용이 담겼는데, 시민단체와 피해자모임은 가습기살균제 피해가 이러한 환경성질환에 지정될 수 있다고 해석했다.

환경보건법 시행규칙 제2조 '환경성질환의 종류'

제1호 「수질 및 수생태계 보전에 관한 법률」 제2조 제7호에 따른 수질오염물질로 인한 질환

제2호 「유해화학물질 관리법」 제2조 제8호에 따른 유해화학물질로 인한 중독증, 신경계 및 생식계 질환

제3호 석면으로 인한 폐질환

제4호 환경오염사고로 인한 건강장해

제5호 「다중이용시설 등의 실내공기질관리법」 제2조 제3호에 따른 오염물질 및 「대기환경보전법」 제2조 제1호에 따른 대기오염물질과 관련된 호흡기 및 알레르기 질환

환경보건법에서 정의하는 환경성질환은 역학조사를 통해 환경 유해 인자와 상관이 있다고 인정되는 질환이다. 최초의 환경보건법에서 환경성질환은 석면, 수질 오염 물질, 대기 오염 물질 등이 초래하는 병으로 정의되며 5개 항목이 지정되어 있었다. 이 목록은 환경보건위원회의 심의에 따라 추가될 수도 있었다. 연대체의 주장대로 가습기살균

제 피해가 환경성질환으로 지정된다면 배상책임 조항에 따라 구제의 법적 근거를 마련할 수 있을 터였다.[6]

환경보건시민센터는 가습기살균제 피해를 환경성질환으로 지정하고 피해 대책을 실시하는 데 환경부가 앞장서야 한다는 취지의 공문을 국무총리실에 보냈다. 그러나 환경부는 가습기살균제가 환경오염에서 기인한 것이 아닌 '특정 제품'을 사용하며 나타난 피해라며 선을 그었다. 또 환경오염에 관한 법률이 아닌 '제조물의 결함과 관련된 법령'을 참고하고 덧붙였다.[7]

가습기살균제 피해를 환경성질환으로 지정하는 문제는 같은 해인 2012년 10월 열린 국회 환경노동위원회 국정감사의 질의로 올랐다.

---

6   환경보건법 제2조 제2항은 환경성질환에 대해 "환경보건위원회의 심의를 거쳐 보건복지가족부장관과의 협의를 거쳐 환경부령으로 정"한다고 정의한다. 또 제19조 '환경성질환에 대한 배상책임'은 "사업활동 등에서 생긴 환경유해인자로 인하여 다른 사람에게 환경성질환을 발생하게 한 자는 그 피해를 배상하여야 한다."라고 규정한다. 법률 제8946호, 2008년 3월 21일 제정, 2009년 3월 22일 시행.

7   환경보건시민센터, 「성명서: 환경보건법 적용하라」, 2012년 9월 25일.

장하나 민주통합당 의원은 참사에 대한 환경부의 책임을 언급하며 유영숙 당시 환경부 장관에게 가습기살균제 피해를 충분히 환경성질환으로 지정할 수 있지 않은지 물었다. 장 의원은 사람들이 살균제를 일부러 들이마신 것이 아니라 사용 설명서대로 가습기에 넣고 가동했으므로 실내 대기오염의 하나로 인정할 수 있고, 환경성질환의 정의에서 말하는 대기를 통한 감염병으로 보아 법을 적용할 수 있지 않겠느냐고 말했다. 유 장관은 이 사안을 환경보건위원회 안건으로 논의할 것이라고 답하며, 피해자의 경제적 어려움에 대해서는 정부 차원에서 복지부를 통해 지원 방안을 찾고 있는 것으로 안다고 덧붙였다.[8]

　　국정감사 결과보고서에는 "슬레이트 내의 석면으로 인한 피해를 인정받은 것에 비추어 가습기살균제의 경우에도 환경성질환으로 보아 법적용을 할 수 있을 것으로 보이는바, 환경보건위원회에서 논의하여 보상방안을 마련할 것"이라는 내용이 담겼다.[9]

8　　국회사무처, 「2012년도 국정감사 환경노동위원회회의록」, 2012년 10월 24일.

9　　국회 환경노동위원회, 『2012년도 국정감사 결과보고서』(2013).

그러나 두 달 뒤 열린 환경보건위원회는 가습기살균제 피해가 환경문제가 아닌 제품 안전 문제라고 결론 내렸다. 위원들에게 환경문제란 대기나 수질, 토양을 매개로 사람들에게 건강 문제를 일으키는 것이었다. 가습기살균제 피해가 마트에 진열된 제품을 구매해 발생했다면 그 책임은 제조사에 있고, 소비자 역시 일정한 책임이 있을 수 있기에 환경문제라 보기 어렵다는 것이다.[10] 위원들은 이 사안을 제품의 안전 문제 차원에서 다루었다. 화학물질 사고 책임에 환경부 행정의 잘못이 있고, 화학물질로 인한 건강 피해이니 환경문제로 볼 수 있다는 소수 의견이 있었으나 가습기살균제 피해의 환경성질환 지정안은 부결되었다.[11]

가습기살균제 피해는 제품 안전의 문제일까, 환경의 문제일까? 환경피해라는 구획을 둘러싼 질문은 4년 뒤인 2016년 국정조사에서 다시 제기되었다. 재심 후 가습기살균제 피해가 환경성질환으

---

10 당시 회의록이나 부결에 관한 공식자료 등이 공개되지 않아 명확한 근거를 확인할 수는 없다. 다른 자료들로 확인해 보았을 때 환경보건위원회 내에서 위원 대다수가 가습기살균제 문제를 환경문제로 보기 어렵다고 판단했다.

11 환경보건시민센터, 「가습기살균제피해 환경성질환아니다?」, 2012년 12월 5일.

로 지정되면서 환경부는 가습기살균제 피해구제와 지원 업무를 맡는다. 그런데 국정조사에 나선 윤성규 당시 환경부 장관은 정부의 피해지원이 빠르게 이루어지지 않았다는 질의에 대해 가습기살균제 피해를 환경성질환으로 지정하는 것이 부적절했다고 답했다.

윤성규 장관은 환경보건위원회의 전문가들은 이 피해가 개인의 선택으로 발생한 것이라 보았다며 과거 회의의 결론을 인용했다. 이러한 전문가의 판단에도 환경부에서는 피해자를 위해 재심의 노력을 기울였다는 것이다. 그는 정부에서 예산을 확보하고 지원을 해야 하니 환경성질환 지정이 가능했지만 엄밀히 보아 둘은 구분되는 측면이 있다고도 말했다.[12] 가습기살균제 피해를 어떤 법으로 다룰 것인가는 과학 지식이나 전문가의 판단에만 의존할 문제가 아님에도 정책결정자는 여전히 확실성이나 인과관계의 차원에서 이 재난을 다루고 있었다.

환경보건법의 규정처럼 물, 토양, 대기 등에서 직접 발생한 피해만 환경문제일까? 일반법으로 포

12　국회사무처, 「제345회 국회(임시회) 가습기살균제사고진상규명및피해구제와재발방지대책마련을위한국정조사특별위원회조사록」, 2016년 8월 16일, 37쪽.

섭하기 어려운 새로운 환경문제는 끊임없이 발생하고 있다. 복잡한 신기술이 나날이 개발되는 데다이를 둘러싼 물리적, 사회적 환경도 훨씬 다양해졌기 때문이다. 더욱이 법의 특성상 포괄적이고 일반적인 내용을 규정하더라도 실제 법 실행에서는 하나하나의 사례를 두고 경계를 어떻게 나눌지 논쟁이 붙는다. 가습기살균제 피해라는 예외 상황이 기존 법에 해당하지 않는다는 정부 입장과 기존 법으로 충분히 포괄할 수 있다는 피해자 연대체의 입장이 팽팽히 맞섰듯이 말이다.

법이 힘을 발휘하기까지

재난의 피해를 제도화하려면 여러 힘이 동원되어야 한다. 정부에서 피해구제와 환경성질환 지정을 지체하고 있을 때 국회에서는 야당 의원을 중심으로 연대체가 확장되며 정부의 행동을 촉구하는 결의안이 발의되었다.

2013년 3월 25일 심상정 외 25인은 「가습기살균제 피해자 구제를 위한 결의안」을 제출했다.[13]

---

13   의안번호 4252, 2013년 3월 25일. 참여 의원은 다음과 같다. 심

이들은 국회가 방치된 가습기살균제 피해자를 구제하고 국민의 안전과 건강을 지켜야 하는 책임이 있으며 정부에 올바른 대책을 촉구하는 목적에서 결의안을 낸다고 밝혔다. 정부가 가습기살균제 피해자 구제방안과 예산집행 안을 마련하고 피해자를 지원해야 한다는 것이 주요 내용이었다. 이 결의안은 4월 18일 국회 보건복지위원회에 상정 및 의결되었고, 4월 29일 국회 본회의에 올라 재석 인원 213인 중 기권 15인을 제외한 전원 찬성으로 통과되었다.[14]

법이나 규칙의 제정은 이전에 존재하는 법을 통해 판단되지만 이에 대한 절대적인 법칙은 없다. 새로운 법을 만드는 일은 전문가의 판단, 국회의 요구, 정부의 결정 등 다양한 요소와 관련된다. 시민단체와 피해자 단체, 국회까지 아우른 연대체의 지속적인 요구는 정부의 가습기살균제 피해지원 결정을 이끌어 냈다. 2013년 8월 14일 경제관계장

상정·김제남·한명숙·박원석·서기호·정진후·유성엽·김춘진·강동원·김성곤·배기운·도종환·노웅래·은수미·장하나·김태원·이해찬·남인순·홍영표·이미경·유기홍·주영순·홍종학·김경협·한정애·이완영 의원.

14   국회사무처, 「제315회 국회(임시회) 국회본회의회의록 제4호」, 2013년 4월 29일.

관회의의 결정에 따라 정부는 피해자에게 부담이 가장 큰 의료비를 선지원하고 이후 기업에 구상권을 행사하겠다고 했다. 또 폐손상조사위원회의 피해조사와 환경보건위원회의 심의를 거쳐 초기 구제 대상자를 결정하겠다고 했다.

여기서 피해자 연대체가 환경성질환 지정의 근거로 가져온 환경보건법이 정부 지원계획의 근거가 되었다. 정부는 "국가와 지방자치단체는 환경유해인자로 인한 국민의 건강피해를 예방·관리하기 위하여 필요한 행정적·재정적 지원을 할 수 있다."[15]라는 조항을 근거로 향후 환경보건법 시행령에 피해지원의 내용과 절차를 구체적으로 지정해 제도 공백을 채우기로 했다.[16] 국회 예산 심의를 거쳐 새로 편성된 예산은 111억 원 규모였다. 이처럼 피해지원의 법적 근거는 언제든지 새로 만들어질 수 있고, 해석에 따라 얼마든지 바뀔 수 있는 것이다.

정부의 결정 후 법적 토대를 갖추는 작업은 빠

---

15   환경보건법 제20조로 제정 당시부터 있었던 조항이다. 2014년 이후에는 제20조 2항이 추가되어 해당 내용은 1항으로 개정되었다. 환경보건법 제11619호, 2013년 1월 1일 일부개정, 2013년 7월 2일 시행.

16   국무조정실·기획재정부·보건복지부·환경부 보도자료, 「정부, 가습기살균제 피해자 지원하기로」, 2013년 8월 14일.

른 속도로 진행되었다. 당장 2013년 10월부터 정책 시행을 위한 틀이 되는 환경보건법 하위법령 개정 작업이 추진되었다. 반년 뒤인 2014년 3월에 가습기살균제 화학물질로 인한 폐 질환을 환경성질환으로 지정하는 시행규칙이,[17] 다음 달인 4월에 피해지원의 세부 사항을 규정하는 시행령이 공포되었다. 2014년 3월 개정된 환경보건법 시행규칙부터 가습기살균제가 환경피해의 하나로 인정받은 내용을 확인할 수 있다.

기존의 구도에서 가습기살균제 피해는 항상 범주 바깥에 있거나 여기에도 저기에도 포함될 수 있는 애매한 위치에 있었다. 이 피해가 법이 규정하는 환경피해로 인정되면서 마침내 국가와 기업에 책임을 물을 수 있는 기반이 마련되었다.

환경보건법 시행규칙 제2조 '환경성질환의 종류'

제1호 「수질 및 수생태계 보전에 관한 법률」 제2조 제7호에 따른 수질오염물질로 인한 질환

제2호 「유해화학물질 관리법」 제2조 제8호에 따

17   환경보건법 시행규칙, 환경부령 제549호, 2014년 3월 13일 일부개정, 2014년 3월 13일 시행.

른 유해화학물질로 인한 중독증, 신경계 및 생식계 질환

제3호 석면으로 인한 폐질환

제4호 환경오염사고로 인한 건강장해

제5호 「다중이용시설 등의 실내공기질관리법」 제2조 제3호에 따른 오염물질 및 「대기환경보전법」 제2조 제1호에 따른 대기오염물질과 관련된 호흡기 및 알레르기 질환

제6호 가습기살균제(미생물 번식과 물때 발생을 예방할 목적으로 가습기 내의 물에 첨가하여 사용하는 제제(製劑) 또는 물질을 말한다)에 포함된 유해화학물질(「유해화학물질 관리법」 제2조 제3호에 따른 유독물로 고시된 것만 해당한다)로 인한 폐질환

우리의 재난이 되다

재난의 인식 범위를 넓혀 보는 느린 재난의 관점에서 사회적 재난의 원인과 해결은 어떤 절대적인 법 조항에 따라 매끄럽게 이루어지지 않는다. 정부가 가습기살균제 피해를 책임지기로 하고 이러한 정치적 결정을 현실로 옮기기까지 모든 단계에서 가습기살균제 피해를 어떻게 규정할 것인지에 대

한 사회적 논의가 이루어졌다. 재난에 맞서는 과학 그리고 법과 제도는 피해자의 요구, 노력과 합의, 어떤 순간에 이르러서야 나오는 결단과 의사결정, 예산 확보, 문구 제정 등의 힘겨운 과정을 거쳐야 했다.

법과 제도는 사회가 재난에 의한 상처를 회복하는 과정에서도 특히 한발 늦게 온다. 그런데 우리는 단지 피해자의 고통을 인정하고 돌보기 위해서만 기나긴 노력을 하는 것이 아니다. 오랜 시간이 걸리더라도 법을 제정하고 개정하려는 데에는 또 다른 재난이 발생하지 않기를 바라는 피해자와 사람들의 마음이 담겨 있다. 골든 타임이 지난 후 법이 재난을 어떻게 인식하는지, 어떤 식으로 힘을 발휘하는지를 또렷이 지켜봐야 하는 이유다.

2013년 4월의 국회 결의안은 가습기살균제 피해를 법적 환경피해로 편입시키고 더 나아가 정부가 피해구제를 위한 전문 조사를 시행하게 된 성과로 이어졌다. 국회의 요구는 사회 구성원이 이 문제에 관심을 보인다는 신호를 정부에 전달하는 한 가지 방식이다. 이런 요구가 있었기에 정부가 미뤄둔 피해구제가 추진될 수 있었다. 그런데 앞서 확인했듯 정부는 폐손상조사위원회의 4단계 기준에 따라 피해 사례를 확인했고, 피해구제는 신고 사례의 절반에 채 미치지 못하는 1, 2단계 피해자를 중심으로 이루어졌다. 가습기살균제 신고 사례가 누적되면서 이러한 판정 기준을 재고해야 한다는 지적이 끊이지 않았다.

전면적인 피해구제를 위한 계기를 마련해야 하는 와중에 가습기살균제 피해에 관한 여론을 뒤바꾼 결정적 사건이 일어났다. 2016년 1월 26일 서울중앙지검이 가습기살균제 참사 전담수사팀을 구성하기로 한 것이다. 검찰은 기업이 제품 안전성 검사를 제대로 했는지, 인체에 해롭다는 사실을 알면서도 제품을 계속 만들거나 유통했는지를 핵심 쟁점으로 삼았다. 이제껏 수사를 요구해 온 그 누구도 예상하지 못한 급작스러운 결정이었다.[18]

검찰의 강력한 수사 의지를 받아 환경보건시민센터와 가습기살균제 피해자모임은 즉각 공세에 나섰다. 연대체는 검찰에 성명서를 보내 사건이 발

---

18   한 언론 보도는 이러한 배경에 이영렬 당시 서울중앙지검장의
      의지가 반영되었다고 전한다. 이영렬 지검장은 고위층 권력 비
      리를 척결하는 특별수사도 중요하지만 국민의 생명과 안전과
      직결된 사건은 검찰이 철저하게 수사해야 한다는 입장이었다.
      김준일·신나리, 「검찰, '가습기살균제 사망 사건' 전담수사팀 구
      성」,《동아일보》, 2016년 1월 26일.

생한 지 4년 5개월이 지나도록 자신들이 겪은 병의 원인만 밝혀졌을 뿐 이를 제조한 그 누구도 처벌받지 않았다는 점을 재차 강조했다. 전담수사팀이 구성되었다는 소식이 전해진 다음 날에는 검찰에 수사 요구사항을 전달했다. 이들은 살균제 제조사, 원료공급사, PB 제품 판매사 등 가습기살균제 원료 공급, 제조, 유통, 판매와 관련된 모든 기업을 살인죄로 기소해야 한다며 강력 대응했다. 또 2월부터 한 달에 걸쳐 가습기살균제를 제조하고 판매한 10개 업체 전·현직 임원 276명의 고발장을 서울중앙지검에 제출했다. 검찰 수사를 계기로 기업을 향한 압박의 목소리는 더 적극적인 방식으로 변모했다.

기업의 반응 역시 이전과 달랐다. 줄곧 요지부동이던 기업들이 드디어 사과 입장을 발표했다. 4월 18일 PB 제품 와이즐렉가습기살균제를 판매했던 롯데마트가 기업 중 처음으로 기자회견을 열어 사과의 뜻을 전했고 이를 필두로 기업의 사과 입장이 연이어 발표되었다. 같은 날 홈플러스는 "피해자의 아픔에 대해 안타깝게 생각한다."라면서 인과관계가 확인된 피해자들과 보상 협의를 할 계획을 밝혔고, 다음 주 사장이 공식 사과에 나섰다. 제조·판매사인 옥시는 4월 21일 입장문을 발표하고 5월 2일 사장이 직접 사과 기자회견을 진행했다.

모두의 뜻이 모인 특별법

2016년 봄 이후 본격화된 옥시 불매운동은 가습기 살균제 피해의 인식 지형이 완전히 달라진 또 다른 계기였다. 검찰 조사를 계기로 불붙은 가습기살균제 참사 논의는 전 국민적인 불매운동을 계기로 우리 사회 전체의 문제로 재인식되었다.

　　마트에서 하루가 다르게 옥시싹싹, 옥시크린, 물먹는하마 등 옥시 제품의 자리가 사라져 갔다. 이전까지 환경보건시민센터를 중심으로만 시민사회 영역이 움직였다면 2016년 4월부터는 소비자운동 진영을 비롯한 다양한 시민사회 조직이 서로 연결되면서 거의 한국 시민사회 전체라고 할 만큼 거대한 연대체가 꾸려졌다.

　　연대체는 전국적인 옥시 불매운동을 조직하고, 옥시의 본사인 영국 레킷벤키저에 항의하고자 런던에서 열리는 주주총회에 방문하는 등 모든 자원과 역량을 동원해 기업의 책임을 물었다. 이 시기에는 2~3일에 한 번꼴로 성명서가 발행되었을

뿐 아니라 기자회견과 1인 시위도 연이어 열렸다.[19]

사회 전체가 가습기살균제 참사 문제에 관심을 기울이기 시작하면서 국회 역시 더 주도적으로 나섰다. 국회가 선택한 방식은 바로 국정조사였다. 국회는 헌법에 따라 특정한 국정 사안에 대해 조사 권한을 가지며[20] 재적인원의 4분의 1 이상이 요구할 시 조사를 시행할 수 있다. 여소야대의 제20대 국회 임기가 시작된 다음 날인 5월 30일에 당시 제1야당인 더불어민주당은 가습기살균제 피해자 단체와 면담을 진행하고 더불어민주당, 국민의당, 정의당 등 야당 3곳의 공조로 가습기살균제 청문회를 열 것이라 밝혔다. 이윽고 7월 국회 본회의에서 국정조사를 위한 기본계획서가 의결되었다. 재석인원 250명 전원 찬성으로 시작된 조사는 현장 조사와 국무조정실, 환경부, 보건복지부, 식품의약품안전처 등 개별 기관의 기관 보고와 청문회, 보고

---

19   이철재·구도완, 「가습기살균제 참사 대응 시민운동」, 《환경사회학연구 ECO》 24(1)(2020), 87~133쪽.

20   대한민국헌법 제61조, "국회는 국정을 감사하거나 특정한 국정 사안에 대하여 조사할 수 있으며, 이에 필요한 서류의 제출 또는 증인의 출석과 증언이나 의견의 진술을 요구할 수 있다." 구체적인 절차와 필요사항은 「국정감사 및 조사에 관한 법률」로 규정되어 있다.

에 임한 기관이 한자리에 모여 다시 진행하는 종합 기관 보고 등 여러 방식으로 진행되었다. 다만 국정조사의 성과는 일부 기업과 정부의 책임을 논의하는 데 그쳤다.

검찰 조사를 시작으로 시민사회의 총력전, 국회의 국정조사까지 가습기살균제에 관한 사회적 관심이 폭발한 시기에 피해자들은 그 힘을 받아 가습기살균제 특별법 제정을 요구했다. 특히 국정조사를 통해 피해구제를 위한 민간 기금을 조성하겠다는 기업의 약속을 받아내면서 재정의 규모가 커질 수 있었다.

그해 말 정치적인 격변 상황에 연대체는 새로운 가능성의 틈을 열었다. 2016년 6월 20일 결성된 '가습기살균제 참사 전국네트워크(가습기넷)'는 11월 5일부터 진행된 박근혜 정권 퇴진 촛불시위에 참여해 피해자 중심의 특별법 제정을 촉구하는 서명 운동을 벌였다.[21] 촛불시위 정국에서 가습기살균제 피해자의 목소리는 더없이 적극적이었다.

이와 동시에 국회에서는 2016년 6월부터 12월까지 7개의 가습기살균제 특별법안이 발의되었다.

---

21   이철재·구도완, 앞의 글.

7개 의안은 모두 2011년 피해 공식화 이후로 피해 구제가 더디게 이루어진 점을 지적했다. 또 특별법 법률안으로 "가습기살균제 피해자에 대한 신속한 구제 및 지속가능한 지원 대책을 수립"하자고 밝혔다.[22] 12월 29일 국회 환경노동위원회에서 대안이 의결되었고 이듬해 1월 20일 마침내 「가습기살균제 피해구제를 위한 특별법」이 국회 본회의를 통과했다. 2013년부터 계속된 특별법 논의는 여론의 흐름이 바뀐 2016년 말에야 결실을 보았다. 여소야대 국회, 2016년 말 정권 퇴진 운동, 옥시 불매운동을 중심으로 한 시민사회 영역의 결집 등 사회 면면의 변화로 가습기살균제 피해 제도 지원의 틈이 벌어진 덕분이었다.

특별법 제정을 통해 이루어진 변화 중 특기할 만한 점은 두 가지다. 우선 특별법 제정은 4단계 기준에서 '가능성 낮음'으로 판정받은 3단계 피해자들에게 공식적인 피해자로 인정받고 지원받을 수 있는 길을 열어 주었다. 가습기넷은 새로운 법을 통해 3단계 피해자가 지원받게 됐음을 환영했다.[23]

22   가습기살균제피해구제법안(대안), 의안번호 5196, 환경노동위원장(2017).

23   가습기살균제피해자와가족모임·가습기살균제참사전국네트워

4단계 피해자는 여전히 피해자로 인정받지 못한다는 한계가 있었지만 인정 범위가 좀 더 넓어졌다는 점에서 소기의 성과를 이뤘다.

가습기살균제 피해라는 독립적인 영역이 만들어진 점도 중요하다. 가습기살균제 피해의 법적 지위는 환경보건법상 환경성질환의 일종에서 특별법의 "가습기살균제로 인한 피해"로 바뀌었다. 환경오염과 유해화학물질로 인한 건강 피해 중 하나가 아니라 가습기살균제로 인한 피해로 범위가 좁아졌기 때문에 정부가 가습기살균제 관련 정책을 시행할 때나 피해자가 기업에 소송을 제기할 때 더 큰 힘을 발휘할 수 있게 되었다.[24]

느리게 성숙한 시간

재난 사례 하나하나는 발생 원인, 피해 범위, 책임 주체 등에서 고유하게 예외적이다. 재난을 느리게

크, 「가습기 살균제 참사 5년 5개월만의 특별법, 이제 겨우 시작이다」, 2017년 1월 20일.

24   특별법은 가습기살균제의 건강피해를 "독성 화학물질을 함유한 가습기살균제에 노출됨으로써 발생한 폐 질환과 그 밖에 대통령령으로 정하는 생명 또는 건강상의 피해"로 규정한다.

보는 관점에서 우리가 얻을 수 있는 교훈은 각각의 재난에 대응하며 쌓아 온 우리 사회의 역량이 시공간적으로 연결될 수 있다는 것이다.

과학기술학자 전치형은 재난의 핵심은 사건이 '뜻밖에' 발생한다는 예외성이 아니라 그것이 '누구에게나' 발생한다는 보편성에 있다고 짚는다.[25] 그는 우리가 재난에 따른 피해 사실뿐 아니라 재난에서 회복하기 위한 사회적 관계와 제도에 주목해야 한다고 말한다.

피해 사실을 확인하고 드러내는 것보다 사회적 관계를 만드는 길이 훨씬 어렵고 고통스럽다. 그러나 희망을 놓지 않은 때에만 반전의 기회를 노릴 수 있는 것도 사실이다. 가습기살균제 참사를 사회적으로 재고한 5년간의 과정은 괄목할 만한 승리를 얻어서가 아니라 우리 사회가 느리고 단단하게 성숙할 수 있음을 확인할 수 있는 시간이기에 더욱 소중하다.

---

25   전치형, 「재난의 정의를 바로잡을 때」, 《한겨레》, 2022년 8월 18일.

6장

사회를 바꾸려면

사회는 어떻게 바뀔까? 사회운동을 분석하는 대표 이론인 정치적 기회구조론은 사회운동을 통해 사람들이 정치에 참여할 기회가 많아지면서 운동의 성패 또한 바뀐다고 설명한다. 정치적 기회 구조의 변화는 우리 사회가 가습기살균제 참사라는 전대미문의 재난에 대응하는 과정에 큰 영향을 끼쳤다. 국회의 요구와 압박, 정부의 태도 변화는 특별법 제정이라는 구체적인 성과로 이어지며 환경재난운동에 유의미한 기록을 남겼다.

정치적 기회구조론에 따르면 당시의 정치 체제가 얼마나 개방되어 있는지, 국회의 정당 구성이 어떠했는지에 따라 운동의 조건이 달라진다. 한국의 환경운동 사례에도 같은 이론을 적용할 수 있다.

환경시민단체는 1990년대에 추진된 동강댐 건설 사업과 2009년 착수한 4대강 살리기 사업 모두에서 댐과 하천 개발을 막으려 애썼다. 그러나 두 운동의 결과는 확연히 달랐다.[1] 무엇이 차이를 만들었을까?

정치가 중요하다는 말

한국의 사회운동에 대한 분석 대부분은 정치적 기회의 변화나 사회운동이 어떤 자원을 얼마나 동원할 수 있느냐에 기대고 있다. 나 또한 박사 논문에서 가습기살균제 피해를 둘러싼 사회제도의 변화

---

[1]   1990년대의 동강댐 건설 사업은 1990년에 강원 영월 지역 주민 160여 명이 홍수로 사망한 사건이 벌어진 뒤 추진되었다. 대규모 국책 개발에 반대하는 국내외 환경운동세력이 총결집한 결과 이 사업은 9년 뒤 전면 백지화라는 성과를 얻었다. 이와 달리 2007년 대선 시기에 처음 논의된 4대강 살리기 사업은 환경단체, 전문가, 종교인들의 반대에도 강행됐다. '녹조라테'와 큰빗이끼벌레라는 현상으로 드러난 이 개발 사업의 문제는 생태적 영향뿐 아니라 사업 검토 과정의 부실함과 노동 환경의 열악함, 무리한 일정 등이 전방위적으로 지적되었다. 전 국토를 대상으로 한 대규모 개발 사업은 정부의 의지와 추진력에 따라 첫 삽을 뜨기도, 잠시 중단되기도, 다시 추진되기도 한다. 이철재·구도완, 「4대강사업 대응 환경운동」, 《환경사회학연구 ECO》 26(1)(2022), 265~313쪽.

에 정치적 기회 구조의 변화가 중요하다고 썼다. 학술적 차원에서는 분명 그렇다.

하지만 이제 나는 학계의 언어를 다르게 표현할 필요가 있다고 느낀다. 가습기살균제를 둘러싼 정치적 환경과 운동의 변화를 바로 눈앞에서 확인하면서, 또 최근의 정치 상황이 노동, 환경, 여성, 사회복지, 과학기술 등 사회운동 전반에 미치는 영향을 생생히 목격하면서 말이다.

논문을 쓰는 연구자들은 신문 기사, 보도자료, 성명서와 같은 활자로 된 자료를 보며 과거의 일을 살핀다. 내가 본 자료에서 피해자와 시민단체는 소통의 기회가 꽉 닫힌 정치적 상황에서도 목소리를 낮추지 않았다. 이들의 외침은 언론 보도 사진에 담긴 그들의 상기된 표정에서, 성명서 파일에 강조된 붉고 굵은 글씨와 여럿이 나열된 느낌표와 유달리 큰 글자 크기에서 뿜어져 나왔다. 현장에서 직접 만난 피해자와 활동가의 얼굴에는 여전히 답답함과 한이 서려 있었다. 그래도 같은 자리에 있던 정책결정자나 전문가가 그들의 말에 귀 기울이고 대화를 하고자 노력 중이라는 것을 알 수 있었다. 가습기살균제 특별법이 두 차례나 개정된 것도 보았다.

그런데 최근에는 비단 가습기살균제 문제뿐 아니라 전반적인 사회 문제의 소통 창구가 막혀 있다는 느낌을 받는다. 언론 기사를 보기가 무섭고 가슴이 뛴다는 주변의 말도 심심치 않게 들린다.

많은 사람이 묻는다. 정권이 교체되고 국회의 구성이 바뀌면 무엇이 달라질까? 누구나 환경 재난의 피해자가 될 수 있지만 현실에는 재난을 겪지 않은 사람이 훨씬 많다. 연구자로서는 환경재난을 비롯한 우리 사회의 느린 재난을 해결하려면 정치적 기회 구조를 바꿔야 한다고, 그러므로 선거와 투표, 사회운동이 중요하다고 주장할 수 있다. 하지만 사람들에게 와닿는 설명은 아닐 것이다. '정치적 기회'라는 말은 학술적 분석을 하기에 적합한 개념일지 몰라도 어쩐지 나와는 먼일로 들린다.

정책결정자가 바뀌면 정말 무언가가 달라질까? 이 질문 앞에 나조차도 연구자의 입장과 개인의 입장 사이의 괴리를 느낀다. 대통령 선거를 앞두고 환경문제와 재난을 해결하기 위해 특정 후보를 뽑아야 한다고 말하면 주변 친구들은 얼마나 설득될까? 실제로 비슷한 상황에서 나는 쉽지 않겠다고 생각했다. 그 문제가 왜 너의 문제냐는 반응이 돌아올까 봐 지레 겁났고, 환경재난보다 시급한 문제가 많은데 오직 그런 이유로 후보를 정하는 게 맞겠느냐는 반박이 곧장 떠올랐다. 정치나 정치 참여의 효용은 내 삶이 당장 바뀌지 않는 한 감지하기 어렵다. 정치적 기회의 중요성도 마찬가지다.

새로운 약속의 목록

정치학 연구자 조무원의 논의에서 한 가지 단서를 찾아본다. 한국 사회의 정치와 약속, 민주주의를 탐구하는 『우리를 바꾸는 우리』는 헌법, 홉스의 사회계약론, 조선의 예송논쟁과 같이 우리 삶과 동떨어진 정치적 주제를 약속이라는 개념으로 다시 보자고 제안한다.[2] 사회계약론을 따라 저자는 우리에게 이미 주어진 것이라 여기는 정치적 약속을 스스로 갱신할 수 있으며, 그 과정에서 우리가 새로운 약속의 주체로 거듭난다고 말한다.

조무원은 '우리'와 '약속'을 중심으로 오늘날의 정치를 보면 갈등이나 싸움이 아닌 다른 정치를 상상할 수 있다고 제안한다. 약속의 정치를 통해 경합적인 정치가 아니라 협의의 정치를 만들어 나갈

---

2   조무원, 『우리를 바꾸는 우리』(민음사, 2022), 19쪽.

수 있다는 것이다. 우리는 우리를 바꾸기 위해 평화의 테이블에 나설 수 있다.

때로는 피해와 슬픔과 분노를 해결하려 길거리로, 국회로, 청문회로 나가야 한다. 재난 이후의 정치는 이렇게 대부분 경합하는 모습이 많지만 앞선 장에서 살펴보았듯 그러한 정치 안에서 합의의 정치도 늘 모습을 드러낸다. 경합과 합의의 반복은 정치적 기회가 어떤 모습을 하느냐에 따라 당연히 달라질 테다. 그러나 그 기회를 어떻게 바꿀 것인가 하는 전략적 측면에 주목한다면, 투표를 제대로 해야 한다는 우물쭈물한 말보다 우리 사회가 지켜야 할 약속의 목록을 만들고 그 약속을 지키게 할 힘을 모으자는 말이 더 힘 있게 들린다.

내가 '약속'에 마음이 움직인 또 다른 이유는 가습기살균제 피해자와 시민사회 단체 사이에서 약속이 '사과'만큼이나 자주 등장한 단어이기 때문이다. 피해자들은 매번 기업과 정부와 사참위와 전문가에게 변화를 약속하지 않았느냐며 되물었다. 2016년 조경규 당시 환경부 장관은 피해자 지원을 위해 최선을 다할 것이라 약속했다. 2017년 문재인 대통령은 피해자에게 사과하면서 우리 국민이 억울한 눈물을 흘리지 않게 하겠다는 약속을 반드시 지키겠다고 말했다. 옥시는 치료비 지급을 약속했다. 재난 이후 곳곳에서 약속의 목록이 갱신되었다. 약속의 이행을 둘러싸고 경합과 합의가 반복되었다.

정치적 기회를 파고들자는 운동의 전략을 취하기에 앞서 내가 따를 수 있는 약속의 목록을 떠올려 본다. 가습기살균제 참사 이후 지켜졌거나 지켜지지 못했거나 파기됐거나 자꾸만 소환되거나 느리지만 조금씩 지켜진 약속들을 떠올린다. 가습기살균제 참사라는 재난에 대응해 나간 연대체 역시 우리 사회에 새로운 약속을 요구한 주체다. 피해자와 시민단체는 10여 년에 걸쳐 재난 해결을 위한 약속의 목록을 다시 썼다. 이 과정에 직간접적으로 참여한 전문가들은 가습기살균제 피해와 관련된 지식을 생산하며 약속의 변화에 기여했다.

청부과학자들

2016년의 검찰 조사는 가습기살균제 참사의 진상은 물론 과학자 사회의 윤리와 관련해 중요한 의미를 갖는 사건 하나를 파헤쳐 냈다. 바로 옥시의 청부과학 논란이다.

과학기술학의 연구 주제인 청부과학은 연구

방법과 자료를 조작해 기업이 정해 놓은 결과를 만드는 과학을 말한다. 청부과학자는 이러한 과학을 생산한 과학자다. 내가 현장에서 만난 몇몇 피해자와 활동가들은 가습기살균제와 관련된 지식 생산을 연구한다는 내게 옥시의 청부과학자를 연구하는지 꼭 집어 물어오기도 했다. 피해자와 시민사회 영역은 제품을 판매한 기업이 부정한 연구 청탁을 했다는 점을 특히 비판했다.

옥시는 2011년까지 가장 많은 가습기살균제 제품을 판매한 기업이다. 가습기살균제 최초 개발은 유공이 했지만 옥시는 이와 성분이 다른 살균제를 개발해 후발주자로 시장에 뛰어들었다. 충분한 독성 조사를 하지 않은 제품을 수백만 개나 팔았고, 가장 많은 피해자를 낳았다. 더욱이 이들은 명징한 위험 신호에 대해 거액의 연구비로 연구 결과를 조작하는 방식으로 대응하려 했다. 2011년 정부가 원인 미상 폐 질환의 위험 요인으로 가습기살균제를 추정하자 옥시는 서울대학교 수의과대학 교수와 호서대학교 식품영양학과 교수에게 각각 살균제 유해성 평가 연구를 맡겼다. 아직 위험성이 확인되지 않은 제품에 대해 아예 불확실성을 흐려 버리는 전략을 쓴 것이다.

연구 조작으로부터 5년 뒤 검찰이 확인한 바는 이렇다. 옥시는 서울대 연구진에 2억 5000여 만 원, 호서대 연구진에 1억여 만 원 규모의 연구를 발주했다. 두 연구 보고서는 옥시의 살균제로 흡입독성시험을 반복했을 때 대조군과 노출군에서 사망한 동물이 없었고 임상적으로 특이한 증상 또한 없었다고 했다. 물론 거짓이었다. 연구진은 데이터를 고의로 조작하거나 누락해 살균제의 독성을 축소하며 기업에 유리한 쪽으로 결과를 왜곡했다. 검찰은 서울대와 호서대의 연구 책임자를 증거 위조, 사기 등의 혐의로 구속 기소했다.

옥시의 연구 용역을 맡은 전문가들은 기업 자본과 결탁한 청부과학자로 비판받았다.[3] 역학자이자 공중보건학자인 데이비드 마이클스는 담배, 석면, 염화비닐, 납과 관련된 환경피해 사례에서 제품의 유해성과 관련된 논쟁을 방어하고자 기업이 취한 전략을 분석하며 이 개념을 제시했다. 기업이 과학자를 용병으로 삼아 물질이나 제품이 유해하지 않다는 연구 결과를 생산한다는 것이 핵심 주장이다. 마이클스는 기업이 그들 제품의 유해성을 밝

3   Michaels, D.(2008), p.144.

헌 다른 과학 연구를 '불확실한' 것으로 만들며 유해성을 둘러싼 의심을 생산한다고 설명했다. 물질과 제품에 의한 피해가 불확실해지면서 대중은 제품을 계속 사용하고, 규제기관은 규제의 필요성을 느끼지 못하게 된다.[4]

기업과 결탁해 과학적 불확실성을 만드는 과학자는 대중과 시민사회의 공분을 산다. 사람들은 언제나 안전한 제품, 건강에 해가 되지 않을 제품을 쓰길 원한다. 기업이 생산하는 제품이라면 마땅히 안전할 것이라는 무언의 약속을 믿고 소비 생활을 한다. 생각보다 많은 기업이 과학을 무기로 제품의 안전성을 흐리며 판매 활동을 이어 갔다는 사실은 충분히 지탄받을 만하다. 가습기살균제 참사와 관련된 전문가를 분석한다는 나의 말에 현장의 사람들이 비난받아 마땅한 옥시 청부과학자들을 떠올린 것도 무리는 아닐 것이다.

4   기업이 생산한 불확실성과 관련한 연구로 Oreskes, N. & E. M. Conway(2010)를 참조.

변화하는 전문가의 모습

옥시의 청부과학자는 오랜 기간 피해자의 곁을 지키거나 조사의 과정에서 늘 객관성을 추구한 전문가보다 더 강렬한 전문가의 이미지를 남겼다. 기업에 복무하는 부정한 전문가의 이미지다.

가습기살균제 참사에서 전문가의 판단과 개입은 분명 완벽하지 않았다. 전문가라고 해서 항상 약속을 지켜야 한다는 의무가 부과되는 것도 아니다. 그러나 시간이 흐르며 전문가 사회 내부에서도 이전에 없던 변화의 움직임이 포착되었다.

가습기살균제 피해 연구를 몇 년씩 지속한 각 분야 전문가들은 과학적 지식 자체나 폐 손상 이외의 피해를 둘러싼 과학적 불확실성, 과학을 사용하는 방식에서 서로의 차이를 발견했다. 그중에서도 4단계 기준에 대한 전문가의 견해 차이가 가장 첨예했다. 2014년 4단계 기준이 마련됨에 따라 피해자들은 '가능성 있음'과 '가능성 없음'이 46 대 51의 비율로 양분되었다. 그런데 2016년 이후 새로 피해를 신고한 사람 중 대다수가 '가능성 없음' 판정을 받으면서 일부 전문가가 판정 기준에 강한 이의를 제기했다. 다른 한편 폐 손상 외에 가습기살균제 사용으로 발생할 수 있는 다양한 증상과 질환을 연구한 전문가들은 최신의 지식이 제도나 피해에 관한 논의에 즉각 반영되지 못하는 현실과 자주 부딪쳤다. 자연히 이들은 전문가의 사회적 책임에 대해 고민하기 시작했다.

전문가 사회의 성찰과 변화를 향한 목소리는 주로 피해자를 직접 만나 진료를 한 전문가 사이에서 나왔다. 나는 가습기살균제와 관련된 여러 현장과 인터뷰 자리에서 이들과 만나며 전문가 집단에 이전과 다른 분위기가 형성되고 있다는 것을 감지할 수 있었다. 이 시점은 2016년 말부터 정치적 기회가 열리며 사회적으로 많은 변화가 일어난 때이기도 했다.

초기 판정 기준을 구성할 때 자문위원으로 참여했던 임종한 인하대학교 의과대학 교수는 후속 연구를 통해 가습기살균제 피해가 폐 손상에만 한정되지 않음을 확인했다. 임 교수는 '가습기살균제 증후군'과 같은 개념을 도입해 피해 사실을 더 폭넓게 인정하자고 제안했다. 폐손상조사위원회는 중증 환자를 판정하기 위해 기준을 협소하게 정했다. 이후 더 많은 연구가 수행되었을 뿐 아니라 현실적인 문제가 나타나고 있으니 이제는 기준을 바꿀 때가 되었다는 주장이었다. 그의 제안은 내게 과학적 연구를 통해 소통하는 과학자 역시 우리 사회의 일원이며, 재난 피해자의 반대편이 아닌 그 곁에 서 있을 수 있는 사람이라는 것을 알려 주는 말로 들렸다.

당시 환경독성보건학회 회장을 맡고 있던 임종한 교수는 환경부가 발주한 가습기살균제 건강 피해 범위 확대를 위한 연구를 맡아 더 많은 질환과 증상을 밝히려 했다.

폐만 하더라도 그 증상은 폐 조직이 딱딱하게 굳는 섬유화 증상이나 조직에 염증이 생기는 폐렴 등 여러 양태로 나타나는데, 임 교수는 피해 양상이 다양하다는 사실 자체가 곧 '흡입으로 인한 독성'의 특징이라고 주장했다. 그는 피해자의 몸에서 비강, 정소, 신장의 이상 증상을, 동물실험 결과에서 폐를 포함한 전신 염증을 확인했다. 살균제 흡입은 암 발생과도 연관될 수 있었다. 이런 건강 피해에 정신적, 사회적 피해를 중층적으로 고려하면 일련의 증상을 가습기살균제 증후군으로 폭넓게 묶을 수도 있을 터였다.

피해 판정 조사에 참여하며 기존의 판정 기준으로 고통받는 피해자를 가까이에서 만난 박소영

강북삼성병원 직업환경의학과 교수도 가습기살균제 질환은 '하나의 요인으로 하나의 질병이 발생하는' 질환이 아니라는 데 힘을 실었다. 그는 폐 손상만을 특이 질환으로 두고 피해자를 골라야 하는 발상은 잘못이라고 비판하며, 새로운 인정 기준을 추가하는 방식이 지금의 문제를 해결할 수 있을지 회의적이라고 했다.[5]

여러 분과의 전문가가 모인 학술대회에서 지금도 많은 사람이 가습기살균제가 폐 이외의 질병과 관련될 수 있다는 것을 상상하지 못하며, 몇 년 사이 새로 밝혀진 사실이 활용되지도 않고 있다고 임종한 교수는 지적했다. 전문가라 하더라도 상황은 비슷했다. 임 교수는 가습기살균제 피해처럼 과학적 불확실성이 큰 상황에서는 정교한 연구를 설계하고 확실한 증거를 도출하는 데에 천착하기보다 피해자들이 호소하는 증상에 먼저 귀 기울여야 한다고 주장했다. 실험실 환경에서 더 '완벽한' 연구에 매진하기보다 여러 학문 분과의 전문가가 피해자의 증언을 조사하고 의견을 수렴하는 과정이

---

5   박소영, 「가습기살균제 건강피해 사례 발표자료」, 《제3회 사회적 참사 피해지원 포럼 가습기살균제 피해 인정, 무엇이 문제인가?》, 2019년 5월 30일.

더 중요하다는 생각이었다.[6]

임종한 교수는 객관적인 과학을 연구하는 의학자이면서도 피해에 관한 논의가 지나치게 과학적 인과관계 쪽으로 쏠리는 상황을 경계하려 했다. 그리고 피해자를 위한 새로운 연구 방법을 제안하려 했다. 과학적 전문성의 약속을 새로 쓰는 전문가의 모습이었다.

피해자를 위한 기준

가습기살균제 문제를 깊이 연구한 전문가의 공통 반응은 문제 해결에 필요한 과학이 무엇인지에 관한 근본적인 고찰이 필요하다는 것이다.

처음 원인 미상의 피해를 밝히는 과정에서도 역학조사 결과와 역학적 인과관계의 의미를 이해하는 방식은 분과마다 달랐다. 가습기살균제에 관한 연구 결과가 쌓인 후로는 특히 임상의학에서의 인과관계와 역학적·통계적 인과관계 사이의 인식 차이가 두드러졌다.

---

6   임종한, 「가습기살균제의 복합질환 피해 발표자료」,《제3회 사회적 참사 피해지원 포럼 가습기살균제 피해 인정, 무엇이 문제인가?》, 2019년 5월 30일.

국민건강보험공단 빅데이터를 활용해 가습기 살균제의 건강 피해를 분석한 김재용 연세대학교 원주의과대학 교수는 '가습기살균제 폐 손상'이라는 용어 자체가 질병에 대한 확실한 인과관계를 전제하는 전근대적인 사고방식의 결과물이라고 지적했다. 바이러스나 세균 같은 하나의 병인이 하나의 질병만을 일으킨다는 의학계의 오랜 통념을 겨냥한 말이었다. 김 교수는 특히 질병의 원인을 찾고 조사하는 일보다 진단과 치료가 중요한 임상의 사들이 통념 속에 가습기살균제 관련 논의에 참여한다고 말했다. 그는 피해 판정에 참여한 의사들이 이후 피해자가 제기할 소송을 염두에 두면서 판단 기준을 협소하게 둔다고 했다. 이들이 가습기살균제 피해의 다른 가능성을 보지 못하는 것은 임상의 사라는 전문성에 내재된 한계일지도 모른다는 의견이다.

　　과학 연구를 더 많이 하자거나 새로운 실험법을 도입하자는 해결법 대신 관점의 변화를 말하는 김재용 교수의 접근법은 과학의 객관성만을 진리로 좇는 여느 전문가와 달라 보였다. "이 문제를 냉정히 다시 바라보고 다시 출발할 필요가 있지 않은가."라고 덧붙인 그의 말이 오래 기억에 남았다.[7]

가습기살균제 환경노출평가 연구 등에 참여해 온 박동욱 교수는 전문가의 한계점을 뼈저리게 느낀다고 말했다. 박 교수는 피해자들이 호소하는 폐 손상, 신체 손상 대부분이 역학조사로 규명하기 어렵다는 점을 잘 알고 있었다. 의학·과학을 동원해 인과관계를 끊임없이 다투는 영역 중 하나로 산업의학 분야가 있다. 작업장에 쓰이는 물질이 워낙 다양하고 그에 따라 나타나는 질병도 천차만별이므로 산업의학에서 직업병을 판정할 때는 큰 틀에서 개별 피해를 인정한 뒤 배상하는 해결방안이 제시된다. 병을 일으킨 직접적인 원인뿐 아니라 이를 둘러싼 다양한 요소와 맥락을 고려하면서 피해 판정을 내리는 것이다. 박 교수는 가습기살균제에 관한 피해 판정이 이처럼 복잡한 배경을 보기보다 과학적 인과관계를 통해서만 이루어진다고 지적했다.

박동욱 교수는 임종한 교수와 마찬가지로 피해자 개별이 호소하는 증상과 질병을 전면 검토하는 방식으로 피해구제 정책을 수립해야 한다고 주

7   김재용, 「가습기살균제 건강피해 연구의 역할과 과제 토론자료」, 《제3회 사회적 참사 피해지원 포럼 가습기살균제 피해 인정, 무엇이 문제인가?》, 2019년 5월 30일.

장했다. 더욱 정확한 인과관계를 찾을 것인가, 피해자의 증언을 고려할 것인가. 이 두 방식 사이에는 피해자가 아닌 사람을 피해자로 인정할지도 모른다는 위험이 있다. 실제로 일부 과학자와 정책결정자는 이러한 우려에서 확실한 증거에 기반을 둔 협소한 판정 기준을 적용해야 한다고 했다. 그러나 박 교수는 "설사 피해자가 아닌 사람을 피해자로 인정하는 오류를 범하더라도 억울한 피해자를 최소한으로 할 수 있는 전략으로 보완"하자고 역설했다.[8]

이러한 전문가의 성찰과 반성은 피해자들의 호소와 목소리에 대한 응답이었다. 피해자의 수기에서 가습기살균제 피해는 독성 간염, 암, 자가면역질환, 주의력결핍과잉행동장애, 우울증 등 다양한 양태로 나타난다. '가능성 없음' 판정을 받은 피해자들은 계속해서 폐 손상 판정 기준에 문제를 제기했고, 협소한 기준을 만든 폐손상판정위원회의 전문가와 그러한 기준에 따라 판정을 내리는 의료진을 비판했다. 4등급 판정을 받은 피해자의 가족은 이 등급이 "누구를 위한 것인지" 의문이 든다며 비판

---

8   박동욱, 「가습기 살균제 피해 인정 연관·인과관계 판정에서 개선점: 환경노출조사 중심」, 《제3회 사회적 참사 피해지원 포럼 가습기살균제 피해 인정, 무엇이 문제인가?》, 2019년 5월 30일.

하고 "정부에 버림받았"다는 느낌을 받았다고 했다.

다른 피해자는 한국에서 가습기살균제 전문가는 의사도, 환경부 직원도 아니라고 했다. 과학을 통해 피해를 확인하는 데 도움을 주리라 기대했던 전문가에 실망한 그는 살균제를 쓰고 심신의 피해를 본 사람들이야말로 살아 있는 증거인 동시에 전문가라고 말했다.[9]

과학자나 의사가 아닌 피해자가 전문가라는 말은 재난의 피해에 접근하고자 할 때 가장 필요한 전문성은 다름 아닌 재난의 속성과 그로 인한 고통을 이해하는 것임을 일깨운다. 이 재난의 진정한 전문가가 누구인지를 되돌아보게 하는 호소다.

피해자의 고통은 3, 4단계 판정을 받았다는 사실에만 있지 않았다. 피해자 집단이 단계에 따라 분열하면서 생긴 부담과 고통도 있었다. 1, 2단계 판정을 받은 피해자들은 3, 4단계 판정을 받은 피해자들과 연대하는 과정에서 죄책감을 느꼈다. 2단계 판정을 받은 한 피해자는 다른 판정을 받은 피해자의 입장을 '몰랐다'고 했다. 피해구제 신청 후

---

9   가습기살균제 피해자들, 『내 몸이 증거다』(스토리플래너, 2021).

바로 2단계 판정을 받은 그는 다른 적극적인 피해자와 접촉할 기회가 많지 않았다. 그러나 이후 여러 활동을 하며 "이 문제를 계속 끌고 가는 사람이 정말 3, 4단계 피해자밖에 안 남았"음을 알게 된다. 그는 자신의 아이보다 증상이 심각한 사람들이 낮은 단계의 판정을 받은 것을 보고 미안함을 느끼면서도 피해자인 자신이 죄책감을 느끼게 되는 상황에 혼란스러워했다. "나도 힘든 과정을 겪었는데" "말도 못 꺼내겠는" 분위기 속에서 자기 의견을 솔직하게 피력하기 어려워진 것이다.

단계별로 구분되었던 피해자 집단은 '피해를 인정받지 못해 투쟁해야 하는 적극적인 피해자'와 '피해를 인정받아 오히려 아무 말도 할 수 없게 된 소극적인 피해자'라는 또 다른 극단에 몰리게 됐다.[10] 전문가들은 비록 활동가를 자처하지 않더라도 피해자의 목소리와 움직임에 반응하지 않을 수 없었다.

---

10   사회적참사 특별조사위원회(2019), 112쪽.

재난에 맞서는 우리

내가 현장에서 만난 전문가들은 이처럼 과학적 증거의 타당성뿐 아니라 소통과 합의를 자주 말했다. 흔히 과학자의 역할은 피해 실태를 조사하고 연구하는 것까지로 여겨진다. 하지만 재난에 맞서는 과학자는 전문성의 차이를 이해하고 더 나은 합의를 이끌어내는 데까지 나아갔다.

전문성의 정치에 관한 과학기술학의 초기 논의는 전문가 대 시민이라는 구도에서 과학기술과 관련된 정치적 의사결정에 관여하는 전문성을 분석한다. 이러한 분석 틀에서는 과학기술의 메커니즘을 고려한 복잡한 정치적 결정 상황에서 과학자의 전문 지식과 시민의 전문성을 먼저 구분한다. 그리고 누가 과학 지식을 만들고 정책 결정에 활용하는 일련의 과정에 참여하는지를 본다. 시민의 참여에서 과학이 다르게 이해될 가능성을 찾기 위해서다. 나 역시 사안을 이러한 구도로 보는 것에 익숙했다. 막상 현장에 나가니 흔히 전문가 집단으로 뭉뚱그려졌던 그 안에 다른 모습을 한 전문가가 있었다. 이들은 각자의 방식으로 연대체를 꾸리고 새로운 약속을 만들고자 했다. 이때 과학 지식은 시민이나 피해자의 참여에서도, 분과나 가치관이 다른 전문가끼리의 논의에서도 새롭게 형성되었다.

2019년 10월 열린 한 공동 심포지엄은 새로운 약속을 모색하려는 이들 전문가가 한자리에 모인 장이었다. 가습기살균제 건강피해 판정 기준을 연구한 환경독성보건학회, 사참위 구성 후 피해 가정 조사 활동을 한 한국역학회 등이 모여 개개인이 느낀 문제점을 학계에서 논의하자고 제안한 것이다. 대한예방의학회, 대한직업환경의학회, 한국역학회, 한국환경보건학회, 환경독성보건학회 등 가습기살균제 건강 피해 연구와 관련된 5개 학회의 주관으로 공동 심포지엄이 열렸다.

심포지엄의 좌장으로 나선 당시 한국역학회 회장 김동현 한림대학교 교수는 이번 참사를 관통하는 가장 큰 특징은 문제의 원인을 밝히고 문제를 해결해 나가는 모든 과정이 지연된 데 있다고 말했다.[11] 그는 학회의 연구과제 참여자로 피해 대책을 논의하면서 까다로운 쟁점에 대한 합의점을 마련하는 일이 급선무라는 것을 알게 되었다고 했다.

---

11   김승환, 「11년의 지연… 피해자에겐 냉소와 울분만 남았다」,
      《세계일보》, 2019년 3월 23일.

이런 취지에서 심포지엄은 "인과적 연관성에 대한 과학적인 근거와 해석을 정리하는 자리"이기도 했다.[12] 4단계 기준이 만들어진 이후 2016년부터 여러 분과마다 가습기살균제의 인체 영향과 판정 기준에 관한 연구를 수행해 왔다. 이번 심포지엄에서는 하나의 학회가 개최하는 학술대회와 달리 여러 분과의 전문가가 다른 분과의 연구 결과를 들으며 이제까지의 연구 상황을 세세히 살피고 어떤 연구가 더 필요한지를 논의할 수 있었다.

여러 발표 중에서도 눈길을 끈 장면이 있었다. 한 전문가가 "피해 기준을 확대하자"라거나 "전신 피해를 인정하자"와 같은 주장이 섣부를 수 있다는 점을 짚은 것이다. 2019년 심포지엄 당시 대한예방의학회 이사장을 역임 중이던 한 교수는 학자에게는 피해에 대한 과학적 근거를 더 확보하고 이를 학술적으로 논의하는 활동이 여전히 더 중요하다는 뜻을 피력했다.

그는 심포지엄에서 학술적인 토론을 한다고 해 의학적인 근거 중심으로 발표와 논의가 될 것

---

12   대한예방의학회·대한직업환경의학회·한국역학회·한국환경보건학회·환경독성보건학회 공동 심포지엄,《폐질환인가? 가습기살균제증후군인가?》웹초대장.

이라 예상했는데, 일부 발표의 논리가 판정 기준을 무조건 넓혀야 한다는 쪽으로 전개되는 측면이 있는 것 같다고 했다. 그에게 가장 중요한 것은 의학적 증거가 얼마나 확실한지였다. 사회적 판단은 다음 문제였다. 2013년 당시 자신 또한 "뜨거운 마음"으로 역학조사에 참여했다고 말하면서도 "학자는 차가운 눈으로 근거를 마련해야 한다는 걸 잊지 말아야" 한다고 강조했다. 해당 교수의 발언 중간중간 행사장에 있던 피해자와 피해자모임 대표들은 "피해자 말을 들어 달라." "학자가 피해자를 위하는 방식으로 연구해야 하지 않느냐."라며 연신 외쳤다.

긴장감이 흐르는 발표장에서 김재용 교수가 마이크를 잡았다. 김 교수는 문제 상황 앞에서 과학자와 연구자가 할 수 있는 일이란 가장 최신의 과학적 근거를 최대한 모아 정리하는 데 그치지 않는다고 했다. 그는 진정한 전문가라면 최선의 조치를 하기 위해 현재까지 확보된 근거를 토대로 판단과 결정을 내리는 일을 회피해서는 안 된다고 강하게 발언했다. 연구 결과가 나올 때까지 아무런 판단도 결정도 할 수 없다는 말은 과학을 빙자한 책임회피밖에 안 된다는 것이다. 피해자들이 모인 좌

석에서 박수가 울렸다.

여러 현장에서 나는 피해자들이 주최 측이나 발언자를 성토하는 모습을 많이 봐 왔다. 이 자리에서 처음으로 본 지지의 의사 표현은 내게 과학의 약속을 새롭게 만들어 나갈 기회의 틈으로 보였다. 피해자들의 즉각적이면서도 분명한 의사표시는 피해자가 지지하는 전문가가 누구인지, 그들이 필요로 하는 과학의 모습이 무엇인지를 숙고하게 했다.

가습기살균제 관련 활동에 참여해 온 전문가들은 10여 년간 축적된 연구 결과를 공유하면서 과학적 근거의 타당성과 불확실성을 논의하는 한편 제도 변화의 전 단계를 위한 '합의'를 도출하고자 했다. 그러한 합의를 통해 피해자들의 고통을 줄일 방안을 모색하려 했다. 피해 판정 기준을 넓히거나 바꾸려면 과학적 증거와 연구 결과는 필수다. 하지만 전문가들은 사실만으로 피해자의 고통을 줄일 수 없다는 것을 거듭 확인했다. 이들이 과학적 불확실성을 논의하자고 직접 나선 것은 과학의 모습을 바꾸며 정치적 약속을 갱신하려는 시도로 볼 수 있지 않을까.

전문가의 모습은 하나가 아니다. 가습기살균제 참사에서 피해의 연대체에 기꺼이 들어간 전문가와 옥시의 청부과학자가 나란히 있는 것처럼 말이다. 전문가의 역할과 책임을 고민한 어떤 과학자들은 자신이 할 수 있는 선에서 약속을 만들며 '우리'를 새롭게 갱신하고자 노력했다. 달리 말해 가습기살균제 참사의 전문가들은 새롭게 요청받은 전문성을 획득해 나가는 과정을 겪었다.

이른바 4차 산업혁명 시대의 학술 활동은 융합과 다학제로 표상된다. 그런데 새 시대의 연구 활동에 더 중요시되어야 할 것은 다양한 학문 분과의 전문가들 수십이 모여서 벌이는 프로젝트 속에서 합의하고 조정하고 소통하는 법을 알아 가는 일 아닐까. 조무원이 제시한 약속의 토대 위에 협의를 쌓아 가는 정치가 지금 전문가 사회에서도 이루어지고 있다. 과학과 전문가는 갈등과 경합이 아닌 합의와 협의를 통해 어떤 약속을 만들어갈지에 대한 활로를 찾을 것이다.

가습기살균제 참사라는 재난 이후의 이야기 속에서 우리는 작은 가능성과 희망을 확인했다. 이러한 전문성은 비단 과학자만의 것이 아니다.

전문가들의 열띤 논쟁과 변화의 가능성을 보며 나는 곧잘 그들의 성찰을 나의 연구에 가져다 대 보았다. 내가 보고 쓰는 것들은 어디로 나아갈 수 있을까? 아무 일도 하지 않으면 새로운 약속을 쓸 수 없다. 당장 눈에 띄는 변화가 없더라도 논의의 장을 열고 기회를 만드는 연대체를 보며, 무엇이라도 하는 것이 내가 할 수 있는 가장 중요한 정치라는 것을 깨닫는다. 정치적 기회란 선거나 국회라는 구조나 시스템에서 시작될 수도 있지만 '나'에서 시작해 확장해 가며 열릴 수도 있다. 여기에서부터 다시 시작해 보면 어떨까.

7장

누구나 손 드는 과학

2023년 8월 24일 오후 1시. 도쿄전력이 후쿠시마의 오염수 방류를 개시한 이날을 수십 년 뒤 우리는 어떻게 기억할까? 후쿠시마 제1원전의 오염수는 10월과 11월 두 차례 더 방류되었다. 2024년 봄까지 4회에 걸쳐 바다에 흘러 나갈 오염수의 양은 3만 1200톤에 이른다.

국제원자력기구(IAEA), 유엔방사선영향과학위원회(UNSCEAR), 도쿄전력, 일본 원자력규제위원회, 미국 원자력규제위원회, 한국 원자력안전위원회, 한국원자력학회, 반핵의사회······. 2021년 4월 일본 정부가 오염수 방류를 결정한 후 전 세계의 과학·규제기관과 위원회, 학회가 후쿠시마 오염수의 안전성과 영향에 관한 보고서를 발간했다. 일본 정부는 '과학적 근거'와 '국제기준'에 따라 이러한 결정을 내렸다고 밝혔다.

　　방사선 안전 기준, 다핵종 제거 설비의 신뢰성, 삼중수소의 허용농도를 둘러싼 과학 논쟁과 국제 사회의 대책을 촉구하는 시민사회의 행동은 현재 진행 중이다. 한국 정부는 오염수 1차 방류가 시작된 직후 입장을 발표했다. 대국민 담화에 나선 한덕수 국무총리는 오염수가 과학적 기준과 국제적 절차에 따라 처리된다면 "지금 상황에서 국민 여러분께서 과도하게 걱정하실 필요는 없다는 것이 전 세계 전문가들의 공통된 의견"이라고 말했다.[1] 후쿠시마 오염수가 안전하다는 과학의 반대편에는 오염수가 위험할 수 있다고 말하는 과학이 있다. 오염수의 안전성을 주장하는 사람들은 오염수의 위험성을 얘기하는 사람들을 괴담, 선동, 정치라는 수식어로 표현한다.

1　이금나, 「한총리, 日 오염수 대국민 담화⋯ "정부와 과학 믿어 달라"」,《시사저널》, 2023년 8월 24일.

과학이 진실이 되려면

후쿠시마 오염수 논쟁에서 과학은 괴담과 선동과 정치의 반대편에서 진실이 된다. 2023년 7월 우리 정부는 대한민국정부 유튜브 채널에 「국내 최고 전문가들이 말하는 후쿠시마 오염수의 진실」 영상을 올렸다.[2] 9월에는 KTX, SRT 고속열차에 「후쿠시마 오염수 10가지 괴담」이라는 제목의 책자가 배포되었다. 책자 표지에는 "과학과 진실로 국민 건강을 지키겠습니다."라는 문장이 쓰여 있다. 한편 탈핵신문미디어협동조합과 반핵의사회가 발간한 후쿠시마 오염수 해양투기 10문 10답 소책자 제목은 「후쿠시마 오염수의 진실」이다. 대체 무엇이 과학이고 진실일까?

우리가 고민할 지점은 진실 너머에 또 있다. 어느 한편이 승리해 단 하나의 진실이 확정된다면 이 모든 혼란이 줄어들 것인가의 질문이다. 사람들이 진실을 확인하면 오염수 방류 사진을 더는 걱정 없이 대하고, 수산물을 마음껏 소비하고, 소금

---

2   대한민국정부, 「국내 최고 전문가들이 말하는 후쿠시마 오염수의 진실」, 2023년 7월 7일. 이 영상은 업로드된 뒤 약 4개월 동안 1900만 뷰 이상의 조회 수를 기록했다.

을 사재기하지 않을까? 많은 사람이 거는 기대와 달리 과학적 사실과 진리는 한 사회에 단번에 받아들여지지는 않는다. 태양이 아닌 지구가 천구(天球)를 돈다고 말한 코페르니쿠스의 주장도 처음부터 진리로 수용되지 않았다. 지동설은 완벽한 설명과 현상 예측을 통해서가 아니라 사회적인 타협과 조정을 거쳐 진실로 자리 잡았다. 과학적 사실은 신뢰를 얻기 위해 합의하고 소통하는 과정과 그 사실을 사실로 받아들이는 사회가 있어야만 비로소 과학과 진실이 된다. 아무리 자명한 근거가 있더라도 과학 그 자체만으로 사람들의 인식을 바꿀 수 없다.

한덕수 총리는 담화의 말미에 지금 국민을 가장 위협하는 것은 과학에 근거하지 않은 가짜 뉴스와 정치적 이득을 위한 허위 선동이라고 덧붙였다. 그리고 "정부와 과학을 믿어 달라."라고 청했다. 사회적 재난 상황에 반복해 나온 그 말을 보며 과학과 정치와 약속을 생각한다. 오염수를 둘러싼 약속의 목록은 오늘도 새롭게 갱신되고 있다. 후쿠시마 오염수는 안전하다, 삼중수소는 안전하다, 일본산 수산물을 수입하지 않을 것이다, 수산물의 안전 기준을 철저히 확인하고 있다, 정부는 국민의 안전을 무엇보다 먼저 생각한다…… 우리는 이 약속의 테이블에 한 자리를 차지하고 앉을 수 있을까. 안전과 건강과 위험과 생태계 파괴에 대해 무엇을 말할 수 있을까.

재난의 구원투수

어떤 과학이 진실로 받아들여지기까지는 아주 오랜 시간이 걸린다. 그러나 여전히 과학은 예측 불가의 상황을 이해하고 대처하기 위한 강력한 도구이기에 새로운 재난이 발생하면 사람들은 과학을 활용해 재난의 시작점을 파고든다.

동일본 대지진, 천안함 사건, 세월호 참사 같은 사회적 사건에서는 모두 사태가 발생한 물리적 원인을 밝히는 과정이 있었다. 핵발전소에 어떤 결함이 있었기에 쓰나미에 속수무책으로 당할 수밖에 없었는가, 천안함을 침몰시킨 요인은 무엇이었는가, 세월호는 정확히 어느 시점에 어떤 이유로 침몰하게 되었는가. 과학은 눈앞의 혼란을 정리할 구원투수로 등장하고, 사람들은 인과관계의 연쇄 끝에 책임 소재를 밝힐 열쇠가 있으리라는 기대를 품는다.

2022년의 이태원 참사는 과학기술이 재난에

호명된 또 다른 사례다. 참사가 발생하고 나흘 뒤 (11월 3일) 브리핑에 나선 행정안전부 재난안전관리본부장은 다중 밀집 인파 사고를 예방하기 위한 비상 대책팀을 구성하고 "과학기술을 활용한 밀집도 분석"을 실시할 것이라고 했다.[3] 군중 난류라는 설명 틀로 참사를 과학적으로 규명하려 한 논문은 언론에 대대적으로 소개되었다.

재난 대응에 활용되길 기대되는 것은 대체로 최신의 과학기술이다. 2023년 초 행정안전부가 신규 공모한 재난 대응 기술 과제의 목표는 사고 현장에서 조난자의 소리나 위치를 탐지하는 핵심 기술과 시스템을 개발하는 것이다. 인공지능 기술을 활용하는 공학계에서는 드론이 수집한 영상 데이터나 사물인터넷 연결망을 통해 모든 데이터를 분석해 이상 신호를 포착하는 재난 예방 기술을 개발한다. 이러한 기술이 적용된다면 재난이 발생하지 않거나 설사 불의의 사고가 일어나더라도 피해를 최소화할 수 있을 것 같다. 그러나 가습기살균제 참사의 사례를 통해서 확인할 수 있듯 재난에 맞

---

3   박정연, 「이태원 참사, 과학기술 활용한 밀집도 분석할 것」,《동아사이언스》, 2022년 11월 3일.

서는 과학은 보통의 기대만큼 깔끔하고 완벽하지 않다.

　가습기살균제 피해가 발생한 후 전문가들은 미지의 사건의 원인과 해결책을 찾으려 그때그때 할 수 있는 일을 했다. 이들의 해결책은 매끄럽다기보다 울퉁불퉁했고 구멍도 군데군데 나 있었지만 전문성에 내재된 권위에 기대어 곧장 현장에 적용되었다. 과학이라면 응당 정답을 제시해 주어야 하는 게 아닌가 하는 바람은 피해자와 전문가 사이의 깊은 골을 만들었다.

　재난을 예방하는 과학은 인공지능 분야를 필두로 한 학계의 첨단에서 연구되고 있지만 우리 사회를 병들게 하는 원인은 곳곳에 널려 있다. 불확실한 재난은 계속 반복될 것이다. 우리는 재난에 맞서는 과학과 조사와 전문성에서 다시 시작해야 한다.

재난조사의 의미

2023년 4월 5일 나는 서울 성수동에서 열린 사회적 참사 종합보고서 읽기 모임의 발표자로 참석했다. 모임을 준비한 변화를꿈꾸는과학기술인네트워

크(ESC) 기획이사 맹미선은 종합보고서가 나온 지 반년 이상 시간이 지났지만 사참위의 작업을 모르는 사람이 많고, 위원회 활동이 새 정부의 출발과 맞물려 종료되었기에 이런 자리를 열게 되었다고 했다. 자유 발언 시간에 한 회원은 그동안 세월호 참사에는 관심이 있었지만 가습기살균제 참사에 관해서는 잘 모르고 있었다고 말했다. 참사 이후 옥시 제품이 많이 사라졌다고만 생각했는데, 막상 검색해 보니 여전히 많은 상품이 팔리고 있어 놀랐다고도 했다.

그런 참석자들에게 내가 해 줄 수 있는 이야기는 가습기살균제 참사와 관련해 무수히 많은 '조사'와 '위원회'와 '보고서'가 있었다는 것이다. 보통 재난조사는 주체와 범위를 달리해 여러 차례 이루어진다. 한 번의 조사로 모두가 납득할 만한 결론에 도달하기 어렵기 때문이다. 2018년 세월호 선체조사위원회가 활동을 마치며 제출한 종합보고서는 두 개의 보고서를 각각 앞표지로 삼아서 한 권으로 합친 형태다. 세월호 침몰 원인을 집중적으로 조사한 이들 위원회는 1년 4개월이라는 조사 기간 끝에 내인설과 열린안이라는 두 가지 설명 중 하나에 합의하지 못했다. 다만 4년이 넘도록 국가의 보고서가 나오기를 기다려 온 유가족과 시민이 있었기에 보고서를 내지 않는 대신 두 설명을 서로 다른 방향에서 읽을 수 있는 한 권짜리 보고서를 발간하자는 합의에 도달했다.

우리가 가습기살균제의 피해와 관련해 이제껏 살펴본 조사의 목록도 여럿이다. 질병관리본부 역학조사부터 폐손상조사위원회의 조사, 국회의 국정조사, 사참위의 조사까지 여러 조사를 거치며 가습기살균제 피해에 대한 사회적 인식은 변해 갔다. 원인 미상의 중증 폐 질환에서 가습기살균제 폐 손상으로, 가습기살균제 사건으로, 가습기살균제 참사로 말이다. 재난조사의 과정은 각기 다른 입장이 첨예하게 대립하는 '정치의 장'이다.[4] 진실을 더듬어 가는 정치적 과정을 거치며 우리는 가습기살균제의 인체 영향이라는 실체에 조금씩 다가갔으며 참사의 원인과 책임, 피해구제에 관한 논의를 구체

4   전치형, 「과학기술학은 세월호 참사를 어떻게 읽을 것인가」,
《과학기술연구》21(2)(2021), 1~4쪽; 박상은, 『세월호, 우리가 묻지 못한 것』(진실의힘, 2022); Jeon, Chihyung, Scott Gabriel Knowles, & Sang-Eun Park, "Disaster (continued): Sewol Ferry investigations, state violence, and political history in South Korea," *History and Technology* 38(1)(2022), pp.84~106.

화했다.

하나의 재난이 숱한 재난조사를 거치게 된다면 조사의 종결점이 어디인가를 묻게 될 수 있다. 가장 간단한 대답은 진상을 규명하고 책임자를 찾고 처벌이 이루어진 순간이 될 것이다. 그런데 환경재난을 비롯한 느리고 복잡한 사회적 참사에서는 재난 조사가 끝에 가까워지기보다 새로운 난점과 부딪힐 경우가 많다.

제대로 된 조사로 재난의 원인을 밝히고 책임자가 처벌을 받는 일과 누군가를 가습기살균제 참사로 인한 피해자임을 확인하는 작업은 별개다. 가습기살균제로 인한 피해가 앞으로 어떤 식으로 나타날지도 계속해서 연구되어야 한다. 정부가 피해를 구제한다 해도 기업에 보상을 요구하거나 기업의 책임을 확인하려면 피해자는 원고로서 기나긴 법정 싸움에 들어가야 한다. 여기서 건강 피해가 발생했는지, 피해의 범위가 어디인지를 논의하기 위해 과학이 등장한다. 재난조사가 정치의 장이라면, 환경재난과 느린 재난에서 재난 조사는 정치와 과학이 함께 작동하는 '정치-과학의 장'이다.

법정에 선 과학

많은 재난 피해자는 사과나 일부 구제, 배상을 받더라도 법적 소송에서 가해자의 책임을 확인해 처벌로 이어지기를 원한다. 법정에서 유죄 판결이 나오더라도 피해자의 슬픔과 분노가 다 씻기지는 않을 것이다. 그런데 가습기살균제 피해와 관련된 소송에서 지금까지 만들어진 과학은 다르게 받아들여진다.

1990년대 미국 담배 소송 사례에서 짐작할 수 있듯 법정은 하나의 확실한 조사 결과가 법리를 기준으로 확실성을 재차 시험받는 장소다. 민형사 재판의 판결에서는 과학적 불확실성이 항상 쟁점이 된다. 과학 지식을 생산하는 전문가는 과학이 불확실하며, 연구를 하면서 결과가 바뀔 수 있다는 점을 알고 있다. 전문가들이 이미 충분히 이해하고 있는 과학적 불확실성이 법정에서 발목을 잡는다. 법은 이렇게 말한다. '불확실함은 곧 충분한 근거가 없다는 뜻이다. 충분한 근거가 아닌 이상 책임을 물을 수 없다.' 법정이 과학을 바라보는 차가운 시선은 학자의 '차가운 눈'을 강조했던 한 전문가의 관점과 겹쳐 보이는 듯하다. 이렇게 경계선을 긋고 보는 법정의 단호함에 피해자는 자신의 고통을 사회적으로 인정받을 길을 잃는다.

아직 법정 앞에는 증거의 확실함을 분명하게 보여 주는 과학만 설 수 있다. 개정된 가습기살균제 특별법에는 역학적 상관관계만 확인되어도 피해자를 구제할 근거가 담겨 있지만 이 취지가 법정에서는 받아들여지고 있지 않다. 넓은 의미의 역학적 상관관계나 통계적 유관성에 주목하는 과학이 필요한 이유다.

2021년 1월 애경을 비롯해 CMIT/MIT[5]를 주성분으로 한 가습기살균제 제품을 판매한 여러 기업에 제기된 형사재판 1심 결과가 나왔다. 기업들은 무죄를 선고받았다. 2019년 공동 심포지엄에 참여한 6개 학회는 선고가 나온 다음 달 중순 '가습기살균제 무죄 판결의 학술적 검토'라는 제목의 심포지엄을 개최했다. 나는 이 자리에 참석해 각 학회 대표자와 참여자의 목소리를 들었다. 과학 지식을 만들고 현장에 적용하는 전문가들이 재판부의 판결에 실망을 드러내고 변화를 촉구하는 모습을

---

5   1960년대 말 미국에서 클로로메틸이소티아졸리논(CMIT)과 메틸이소티아졸리논(MIT)이라는 화학물질을 혼합해 만든 물질이다.

보며 법정에 선 과학과 관련된 약속의 목록이 갱신될 틈을 보았다. 이들은 법정에서 자신의 연구에 대해 증언하며 그들이 한 연구의 동기와 결과를 책임지려 했다. 연구의 한계와 불확실성을 인정하면서도 그 결과가 가습기살균제 피해에 대해 무엇을 말해주는지 법정이 알아봐 주기를 바랐다.[6]

전문가와 전문가 집단의 호소는 2년 반이 지난 지금도 계속되고 있다. 2023년 10월 26일 진행된 2심 재판은 공판을 거친 후 2024년 1월 11일 선고를 앞두고 있다. 항소심 재판에서는 기업의 책임이 거의 논의되지 못했고, CMIT/MIT 성분이 인체에 정말로 영향을 끼칠 수 있는지에 관한 인과관계만 반복해서 다루어졌다. 가습기살균제의 유해성과 인과관계는 이미 수많은 논의를 거쳐서 일정 부분 합의에 도달했다. 그럼에도 법정에서는 이 모든 합의가 전문가나 정부의 입장으로 뭉뚱그려지며 면밀히 재검토되어야 할 쟁점으로 탈바꿈했다.

직접 연구를 하는 전문가들조차 인과관계의 증명은 충분하다고 말하는 상황에서 법정은 그 누

---

6   대한예방의학회·대한직업환경의학회·한국역학회·한국환경법학회·한국환경보건학회·환경독성보건학회 공동 심포지엄,《가습기살균제 무죄 판결의 학술적 검토》, 2021년 2월 17일.

구보다 차가운 눈으로 확실한 과학을 요구하고 있다. 11월 8일 환경과 건강 분야를 연구하는 7개 학회는 기자회견을 열어 다시 한 번 입장문을 발표했다. 법정에서 증언에 나서기도 했던 한 전문가는 오랜 기간 과학적 근거를 찾기 위해 노력해 왔으나 법정에서 아무런 증거가 없다는 식으로 매도당하며 자괴감을 느꼈다고 말했다.

과학적 불확실성을 의심하지 않고 차가운 과학의 경계선만을 받아들이는 정치-과학의 장은 원인 제공자에게 면죄부를 부여하는 판단을 반복할 뿐이다. 전문가들의 지적은 정확히 이 점을 짚는다. "과학적 근거가 명백한 물질에 대해서조차 제조 판매의 책임을 묻지 않는다면 앞으로 어떻게 유해 물질로부터 우리의 가족의 생명과 건강을 지킬 수 있을 것인지 묻지 않을 수 없다."[7]

가습기살균제 형사재판 결과는 과학에 대한 우리 사회의 인식이 근본적으로 바뀌어야 할 필요

7   대한예방의학회·대한직업환경의학회·한국역학회·한국환경보건학회·한국환경사회학회·환경법학회·환경독성보건학회, 「CMIT/MIT 가습기살균제의 건강피해 2심 소송에 대한 7개 환경보건 및 독성, 의학, 환경사회, 환경법학회의 입장」, 2023년 11월 8일.

성을 더욱 절실히 알린다. 차갑고 객관적이고 완전
무결한 과학은 재난을 끝내지 못한다. 과학과 정치
와 불확실성과 피해자의 곁에 서려는 마음이 뒤얽
힌 과학만이 재난 이후를 내다보게 한다.

누구나 손을 들고
과학을 말하자

우리는 오랜 시간 한 분야에서 전문성을 기른 전문
가조차 쉽게 답을 낼 수 없는 불확실한 세계에 살
고 있다. 그럼에도 내가 분명히 말할 수 있는 것이
하나 있다. 언제고 닥칠 수 있는 재난에 맞서려면
과학의 속성을 알고 그에 대처하는 방식을 달리해
야 한다. 그리고 기존 방식의 한계를 깨닫고 다음
으로 나아가려는 움직임은 분명히 존재한다.

　재난과 관계하는 과학은 재난 피해와 피해자
가 중심이 되어야 한다. 이는 과학자 개인의 호기
심이나 이해관계에 갇힌 과학이 아니라 피해자들
의 고통과 사회적 정의의 차원에서 시작하는 과학
이다. 실험실과 현장 모두에서 진행되는 이러한 과
학은 피해자를 포함한 학계 밖의 사회 구성원들로
부터 평가를 받는다. 그런 과학에 나는 '누구나 손

드는 과학'이라는 이름을 붙여 본다.

과학과 정치에 관한 이해를 새롭게 할 것을 주장한 과학기술학자 브뤼노 라투르는 일찍이 이렇게 말했다. "과학은 다른 수단에 의한 정치다."[8] 라투르의 이 말은 과학기술학계의 기본 신조로 여겨진다.[9] 과학은 옳고 그름을 판단해 주는 학문이 아니라 연구와 조사를 바탕 삼아 특정 시점에서 가능한 답을 제시하는 학문이다. 과학에 다양한 속성이 있고 여러 이름이 붙을 수 있다는 사실은 그러한 과학이 객관적이지 않다거나 과학의 권위가 상실되었다는 것과 다르다. 재난에 맞서는 과학은 불완전하게나마 가용 자원과 지식을 최대한 활용해 재난 피해 상황을 파악하고 해결책을 제시한다.

후쿠시마 오염수 논쟁이 보여 주듯 과학과 정

---

8   Bruno Latour, "Give me a Laboratory and I Will Raise the World," Karin Knorr-Cetina & Michael Mulkay(eds.), *Science Observed: Perspectives on the Social Study of Science*(Los Angeles: Sage, 1983), pp.141~169; Bruno Latour, "Part 2: Irreductions," *The Pasteurization of France*(Cambridge, MA: Harvard University Press, 1988).

9   Eve Seguin & Dominique Vinck, "Introduction: Science Is Politics By Other Means Revisited," *Perspectives on Science* 31(1)(2023), pp.1~8.

치는 치열한 사회적 갈등의 한가운데에 있다. 고도의 전문성을 휘감고 평행선을 달릴 뿐인 과학과 정치에서 우리는 합의의 테이블에 둘러앉을 엄두를 내지 못한다. 전치형은 해마다 더 어려워지는 지구와 인간의 문제를 풀기 위해 과학과 정치가 더 밀접하게 연결되기를, 그러한 대의에 참여하는 과학을 더 많이 응원할 수 있기를 희망한다고 말했다.[10] 나 역시 이러한 과학을 응원하면서 한 발짝 나아가 이런 말을 덧붙이고 싶다. 누구나 과학에 대해 손을 들고 말할 수 있다고 말이다.

과학과 관련 없는 삶을 사는 사람은 드물다. 우리는 과학 지식을 만드는 전문가는 아니지만 사회적 재난과 함께 살며 과학과 정치를 대하는 자신만의 이야기를 만들어 왔다. 가습기살균제 참사의 판결에 분노하며, 세월호 참사의 피해를 애도하며, 후쿠시마 오염수 방류 결정에 입장을 세우며 말이다. 이 모든 행동을 통해 우리는 과학에 대해 말해 왔다.

누구나 한마디씩 얹을 수 있는 과학은 라투르의 말처럼 정치이거나 약속일 수도 있다. 사실일

---

10   전치형, 「2022년의 과학들」, 《한겨레》, 2022년 12월 8일.

수도, 언젠가 진실이 될 수도 있다. 우리의 안전을 위해 필요한 과학이 무엇인지 묻자. 연구가 더 필요한 과학이 있다면 요구하자. 북토크에서, 모임 자리에서 망설임 끝에 나의 이야기를 꺼낼 때처럼 우리가 손을 들고 과학에 대해 말할 때 세상이 바뀐다.

가습기살균제 참사는 원인 제공자의 책임을 묻는 단계에서도 아직 종결되지 않은 재난이다. 수많은 사람이 자신의 의견을 얹어 왔다. 의견과 질타와 지지의 목소리는 우리 사회의 과학과 전문성을 변화시키고 있다.

우리가 꿈꾸는 과학

과학기술학자 임소연은 여성과 과학의 관계를 탐구하며 평범한 우리의 삶과 몸을 이해하기 위해서는 적도 신도 아닌 우리 곁의 친구인 과학이 필요하다고 역설했다.[11] 느린 재난의 시대에 과학은 우리 곁의 친구가 될 수 있을까? 청부과학의 사례를 제외하고는 많은 환경피해에서 과학이 그 자체로

---

11   임소연, 『신비롭지 않은 여자들』(민음사, 2022), 16쪽.

적이었던 적은 드물다. 과학을 곡해하고 오용한 정치와 법이 과학을 적으로 만들었을 뿐이다.

피해자를 외면하고 내몬 것은 과학 연구 결과 자체가 아니다. 그 결과를 해석하고 기준을 만들어 옳고 그름을 판단하고 더 조사와 연구가 필요하다는 요구를 되풀이한 책임자다. 정치와 법은 가습기살균제에 관한 지식이 쌓여가는 과정에서 불확실성과 인과관계라는 잣대를 들이밀며 혼란스러운 상황을 만들어 왔다. 과학은 섣불리 약속하지도 않았다. 가능한 결과를 생산해 냈을 뿐이다. 그러나 그 과학을 이용해 섣부른 약속을 하거나 약속을 파기한 것은 대부분 정치였다.

가습기살균제의 과학은 피해자, 시민사회와 정치적 연대체를 만들며 과학 대 과학의 싸움을 정치 대 정치의 싸움으로 탈바꿈시킬 수 있었다. 비로소 정치와 연대한 과학은 제도와 재판에 깊게 연루되었다. 그 과정에서 과학은 약속의 목록을 갱신할 수 있었다. 4단계라는 판단 기준을 바꿀 수 있는 연구를 수행하고, 피해 인정 범위를 넓힐 수 있는 지식을 생산했다. 2016년 이후에야 정치적 약속과 과학의 약속이 공명하며 기회의 틈이 마련될 수 있었다.

약속은 앞으로의 일을 정한다는 측면에서 기대를 수반한다. 피해자들이 여러 번 약속을 지키라고 울부짖었던 것은 약속이 지켜지리라는 일말의 기대와 희망이 있었기 때문이다. 2023년 가습기살균제 2심 판결을 대하는 과학자들의 성명서는 이렇게 끝난다. "그간 축적된 CMIT/MIT 성분의 가습기살균제 노출과 건강피해 간 과학적 근거가 사법적으로 충분히 고려되기를 기대한다. 또한 CMIT/MIT 성분의 가습기살균제를 제조, 유통, 판매한 SK케미컬, 애경, 이마트는 가습기살균제 피해에 대한 책임이 있다는 사실이 선언되기를 기대한다."[12]

가습기살균제 참사가 세상에 알려진 지 12년이라는 시간이 지났다. 참사로 인한 상처를 치유하는 약속의 목록은 손을 들고 과학을 말하는 우리의 손으로 다시 작성된다. 수많은 전문가, 활동가가, 피해자와 시민이 가습기살균제에 대한 법적 책임이 소송을 통해 확인될 수 있기를 바란다. 피해자를 외면하는 판결이 내려지지 않기를 희망한다.

<hr />

12   대한예방의학회·대한직업환경의학회·한국역학회·한국환경보건학회·한국환경사회학회·환경법학회·환경독성보건학회, 앞의 글.

차가운 과학이 아니라 정치와 뒤섞인 과학이 더 나은 방향을 제시하기를 나는 다시금 간절히 바라고 있다.

혼자가 아닌
이야기

나는 환경사회학과 과학기술학 분야의 연구자로
서 가습기살균제 참사를 들여다보고 기록한다. 동
시에 우리 사회의 재난을 함께 겪고 재난의 기억을
안고 살아갈 공동체의 한 사람이기도 하다.

어린 시절에는 대구 지하철 참사가 있었다. 뉴
스 속 검은 그을음의 이미지와 희생자가 남긴 음성
메시지는 언론이 보도한 이전의 '사건'들과 다른 충
격을 남겼다. 학부를 마친 후 성인의 책임감을 가
까스로 깨닫기 시작했을 무렵에는 세월호 참사가
벌어졌다. 박사 과정을 지내는 몇 년간 가습기살균
제 참사에 집중했고, 그 고민이 겨우 마무리될 때
쯤 이태원 참사 소식을 들어야 했다.

언젠가부터 사회적 재난에 연대하고 그 참사

를 기억하고 애도하는 것은 우리 모두의 일이 되었다. 그러나 이를 어떻게 잘, 오래 할 수 있는지는 여전히 답하기 어렵다.

재난을 말할 자격

우리가 경험하는 사회적 재난의 범위는 발 닿는 공간에 한정되지 않는다. 오늘날 과학기술은 하늘과 육지와 바다에서 세계를 연결한다. 그런데 이러한 연결망은 사람과 물건만 이동시키지 않는다. 어느 한 사회에서 만들어진 과학 지식과 그 지식이 실행되는 맥락은 다른 사회의 과학과 실행에 영향을 준다. 우리는 앞서 유공을 뒤이어 가습기살균제를 개발한 기업들이 살균제에 쓰이는 기존 화학물질을 참고하는 모습을 확인했다. 살균제의 안전성을 평가하기 위해 다른 나라의 흡입독성시험 결과를 검증하는 절차도 살펴보았다. 오늘의 과학은 자본과 정치가 서로 얽히며 하나의 진리로 해결하기 어려운 복잡한 사회 문제를 낳는다. 예기치 못한 재난의 여파는 더 넓게 퍼지고, 더 오래 남는다.

　한때 환경이나 생태주의는 다른 사안보다 우선순위가 낮은 사회 문제였다. 한정된 자원과 에너지를 더 시급한 문제에 쏟자는 논리에 따라 등한시되는 경우도 많았다. 그러나 최근 전 세계가 코로나19 팬데믹이라는 위기를 동시에 겪으며 기후위기를 비롯해 동식물의 서식지 관리, 플라스틱 같은 폐기물의 처리 등의 생태문제가 폭발적으로 논의되고 있다. 지구의 위기가 남의 일이 아닌 "우리 모두의 문제이자 우리를 둘러싼 물질의 문제, 우리 마음의 문제이자 우리의 최후를 결정할 문제"라는 인식이 점차 넓게 공유되고 있다.[1]

이처럼 사회의 재난은 우리의 문제가 되었지만 정작 개개인에게 이러한 재난에 잘 반응하고 있느냐고 묻는다면 자신 있게 고개를 끄덕일 사람은 많지 않을 것이다. 특히 나는 환경재난을 연구하는 사람으로서 재난을 말할 자격을 자주 고민하게 된다. 내가 과연 이런 연구를 해도 되는 사람일까? 내가 뭐라고 사회의 재난을, 아픔을, 정의와 윤리를 이야기할까? 그렇게 도덕적이거나 윤리적이지 않은 사람이 이런 이야기를 해도 되는 것일까라는 생각을 떨치기 어렵다.

백도명 교수는 한 인터뷰에서 40년이라는 세

---

1   전현우, 『납치된 도시에서 길찾기』(민음사, 2022), 21쪽.

월이 흘러도 같은 마음으로 연구할 수 있는 힘이 무엇이냐는 질문에 이렇게 답했다. "내가 하는 일에 떳떳하려면 나 자신에게 떳떳해야 하겠지만, 나는 바로 옆에 있는 사람들에게도 떳떳해지고 싶다. 거기에는 현장에서 만나는 피해자들도 포함된다. 그게 지금까지 나를 지탱해 온 힘이 아닌가 한다."[2] 나는 나 자신에게, 옆에 있는 사람에게, 내가 하는 연구와 일에 떳떳한 삶을 살고 있나?

우산을 건네는 마음

연구자 개인의 도덕성과 별개로 이런 문제를 이야기하는 것 자체가 조심스럽기도 하다. 재난, 환경, 정치를 말하는 사람은 '시끄러운 사람'으로 낙인찍히기 쉽기 때문이다.

나는 대학원에서 환경문제의 사례와 이를 둘러싼 갈등과 정치를 강의한다. 하루는 한 학생이 매주 수업을 들을수록 고구마를 먹는 것 같은 답답한 기분이 든다고 했다. 그 말을 들은 후로는 수업을 마무리할 때마다 괜히 말을 덧붙이게 되었다.

---

2   황예랑, 앞의 글.

"오늘도 고구마만 드린 것 같아 죄송하네요." 대부분의 사회 문제는 인식하지 못하고 살면 편하다. 화나거나 슬프고 답답할 일도 없다. 강의실에 있는 모두가 알고 있듯이 말이다.

각각의 사례를 설명하다 보면 각자가 느끼는 막막함을 공유하며 자연스럽게 수업 막바지에 이른다. 학생들은 환경문제를 대하는 주변 사람의 무관심한 태도나 정부의 정책 결정을 보면 화도 났다가 체념도 했다가 감정의 롤러코스터 상태를 오르내린다고 했다. 그래도 이런 감정을 다른 수강생과 나눌 수 있어 다행이라고 말했다. 한 학생이 손을 들고 평소 이런 감정을 어떻게 해소하느냐고 물었다. 나는 여러분과 비슷하게 이야기를 나누는 것으로 해소한다고, 이러한 강의도 이야기를 주고받는 과정이라 도움이 되는 것 같다고 답했다. 교수자로서 할 수 있는 상투적인 대답이었다.

그런 나의 복잡한 마음에 불쑥 뛰어 들어온 말이 있다. 가습기살균제 참사 운동에 오랜 기간 참여해 온 활동가들을 인터뷰했을 때다. 지금도 많은 시민단체가 매년 불매운동 캠페인을 하고 있지만 2016년 전 국민이 동참한 옥시 불매운동만큼의 화력은 나오지 못한다. 나는 활동가들이 어떤 동력으로 캠페인을 이어 가고 있는지 궁금했다.

재난이 터지고 시간이 흐른 뒤 관련 기사를 보면 '아직도 이 문제가 해결되지 않았느냐'라거나 '언제까지 같은 얘기를 계속할 것이냐'와 같은 댓글이 흔하다. 활동가들은 당연히 이런 반응을 알고 있다. 변하지 않는 현실의 막막함을 이야기하던 중 그가 2022년 한여름 서울 홍대 AK플라자 앞에서 있었던 일을 공유해 주었다.

애경 앞에서 [캠페인을 하는데] 갑자기 소나기가 쏟아졌어요. 그런데 누가 우산 두 개를 가져다주는 거예요. 알고 보니 애경 옆에 있는 조그마한 가게 주인이 건네준 거였어요. 이 일이 상징성이 큰 게, 저희가 [캠페인을 할 때] 앰프 마이크 같은 것을 써서 30분에서 1시간씩도 떠들기 때문에 사실 인근 사람들은 시끄럽거든요. 그런데 그렇게 생각하지 않는 사람도 있구나라는 걸 알게 된 거죠. 시끄럽고 싫어하는데 비 온다고 우산을 가져다주겠습니까. 진짜 너무 고맙더라고요. 우산 자체를 말하는 게 아니라, 우리가 이 동네에 와서 이렇게 한 번씩 떠드는데 그걸 주변에서 지켜봐 주는 분들이 계시구나 하는 점이요. [3]

활동가는 지금도 캠페인을 할 때 음료수를 사다 준 사람들이 몇몇 있다고 웃으며 말했다. "2016년도처럼 어마어마하게 진행되지는 않지만 그래도 우리가 하는 일을 이해하고 마음속으로 같이하는 사람이 있다."라는 위안, 그런 사람이 많지는 않더라도 "우리가 하는 활동이 사람들의 공감을 사는 부분이 있나 보다 하는 생각"이 그가 연대를 이어 갈 수 있는 원천이었다.

수십 년을 환경운동의 현장에 있었던 활동가의 말과 수업에서 학생들과 나눈 이야기의 본질은 같았다. 나 말고도 이 이야기를 하는 사람이 있다, 그와 함께 이야기를 나눌 수 있다. 그 사실이 우리를 위로하고 앞으로 나아가게 한다. 우리가 만든 틈이 언젠가는 우리를 변화시킨다. 같이 이야기할 사람이 있다면 나도 이야기를 계속하겠다는 자신감이 비로소 차올랐다.

말하고 들으며 연결되기

캠페인 현장 근처 가게 주인이 건네준 우산은 갑작

---

3   최예용 소장 인터뷰, 2022년 12월 30일.

스러운 소나기만 막은 것이 아니었다. 바로 곁에 있는 사람의 작은 행동은 사회 문제를 대하는 흔한 냉소와 비난, 무관심을 이겨 내게 한다. '내 문제'가 아닌 재난의 고통을 느끼고 함께 고민하자는 제안을 말할 때는 언제나 큰 용기가 필요하다. 그리고 용기를 내서 내 의견을 말하다 보면 어디에선가는 나와 비슷한 목소리를 만나게 된다. 그 작은 소리들의 공명으로 더는 혼자가 아님을 느낀다.

『철학책 독서 모임』에서 박동수는 기후위기를 둘러싼 정치가 봉착한 문제에 브뤼노 라투르가 어떻게 대응했는지를 소개한다. 라투르는 많은 사람이 생태적 전환이라는 방향에 동의하지 않는 현실에 대해 철학자로서 대안적인 지도를 그리는 법과 녹색 계급 투쟁이라는 방향을 제시한다.[4] 투쟁이나 대안이라는 거창한 말을 박동수는 이렇게 풀이한다. 작은 활동은 또 다른 활동과 또 다른 생각을 연쇄적으로 불러오는 하나의 지렛대가 된다. "우리

---

4   기후위기와 생태위기를 돌파하기 위한 정치생태학 저작으로 다음을 참조. 브뤼노 라투르, 박범순 옮김, 『지구와 충돌하지 않고 착륙하는 방법』(이음, 2021); 브뤼노 라투르, 김예령 옮김, 『나는 어디에 있는가?』(이음, 2021); 브뤼노 라투르·니콜라이 슐츠, 이규현 옮김, 『녹색 계급의 출현』(이음, 2022).

가 무한히 작다고 말하는 이 작은 변화야말로 진정한 행위"라고 말이다.[5] 우산과 음료수를 건네는 일, 거리의 캠페인을 듣는 일, 더 적극적으로는 불매운동에 동참하거나 소셜미디어에 관련 기사를 공유하는 것, 관련 시민 단체에 후원회원이 되는 것 등은 우리가 재난과 이어지는 작은 활동들이다. 그렇게 함께 이야기하고 나누다 보면 개인적인 답답함이나 우울을 해소할 수 있고 해결책을 도모할 수도 있다.

프랑스의 저널리스트 로르 누알라는 오랜 기간 환경문제를 취재하고 보도하며 생태우울과 생태불안을 겪었다. 그는 오늘날 지구의 환경을 고려하면 이런 걱정과 불안은 당연한 것이라며, 이를 해소할 하나의 방법이 여럿이 함께하는 것이라고 말했다.[6]

작은 행동부터 하자, 함께 이야기를 나누자, 우리 모두의 문제임을 인식하자 같은 주장은 공허한 외침으로 들릴 수 있다. 그런데 함께 이야기하고 감정을 공유하는 것은 건너뛸 수 없는 단계

---

5   박동수, 『철학책 독서 모임』(민음사, 2022), 264쪽.
6   로르 누알라, 곽성혜 옮김, 『지구 걱정에 잠 못 드는 이들에게』 (혜엄출판사, 2023).

다. 집에서, 일터에서 애써 입을 열고 내가 품고 있던 불만을 표현했을 때 그걸 들어주는 가족과 동료, 상사의 존재가 결정적이듯 말이다.

현실은 반박의 여지가 없을 만큼 '고구마' 상태다. 현실에서 시원한 사이다 같은 해결책을 찾기란 쉽지 않다. 과학과 정치가 복잡하게 얽힌 환경 문제는 그 자체로 뿌리식물인 고구마를 연상시킨다. 줄줄이 얽혀 있는 고구마와 고구마와 고구마들. 가습기살균제 문제를 둘러싼 감지되지 못한 신호, 불확실성의 경계 만들기, 꿈쩍 않는 기득권, 제도적 미비, 피해자에게 도움이 되지 못했던 지식과 실천……. 고구마의 연속이다. 과학과 객관성과 확실성과 전문성에 관한 해묵은 오해들은 수확 전의 고구마를 뒤덮은 흙처럼 자연스럽게 묻어 있다.

이제는 그 흙을 털어 낼 시간이다. 나는 고구마 줄기처럼 뒤엉킨 느린 재난의 과정을 들여다보며 재난에 맞서는 과학을 발견했다. 재난을 통과하며 얻은 교훈은 깊숙이 한데 뭉쳐 보이지 않는 위험을 이해할 자산이 된다. 이를 위해서라도 과학과 정치가 별개의 차원에 있지 않음을 인식해야 한다. 그럴 때에야 비로소 과학이 지닌 힘을 활용할 수 있다.

내 논문을 책으로

이 책은 나의 박사학위논문 연구에서 시작되었다. 수백 쪽이나 되는 학위논문을 단행본 한 권으로 다듬어 출판하는 일은 인문사회과학 연구자들에게 낯설지 않다. 최근에는 대중서 작업을 어려워하는 연구자를 위한 지침서도 여럿 나와 있다. 내가 참조한 한 책에는 가능한 쉽게 써라, 논문의 각주를 다시 들여다보아라, 편집자를 믿어라 등 논문을 하나의 책으로 바꾸기 위해 필요한 실질적인 팁으로 가득했다.[7]

처음 학위논문의 내용을 책으로 출간하자고 마음먹었을 때 나는 내가 익히 봐 왔던 단행본을 참조 모델로 떠올렸다. 학위논문과 크게 다르지 않은 목차, 이론적으로 탄탄한 본문, 학위논문보다 더 두꺼워진 분량 등등을 생각했었다. 내가 읽은 지침서에서 예시로 드는 책도 이와 크게 다르지 않았다. 학위논문의 주요 내용을 어떻게 하면 쉽게 다시 써서 더 많은 독자에게 읽히도록 할 것인가? 이것이 학위논문을 단행본으로 바꿀 때의 지상 목

---

7   손영옥, 『내 논문을 대중서로』(푸른역사, 2022).

표 같았다. 그러나 실제로 원고를 쓰며 부딪힌 질문은 성격이 달랐다. 어떻게 내 연구 내용을 풀어서 쓸 것인지에서 출발한 고민은 내가 왜 이 연구를 하게 되었는지, 이런 연구를 한다는 것의 의미가 무엇인지를 향해 길게 뻗어 갔다. 지금 이 시점에 내가 이 일을 하는 게 맞나?

원고를 직접 쓰는 시간보다 책 작업의 의미를 되새기는 시간을 오래 가지면서 늘 마음속에 알 수 없는 찜찜함이 있었다. 이 찜찜함은 본격적으로 초고를 다듬고 수정 작업을 하는 와중에도 쉬이 사라지지 않았다. 그 이유는 바로 책을 내는 시점이었다. 책을 내기로 결정했을 때부터 지금까지도 주변에서 이런 말이 자주 들려왔다. "지금은 그 일을 할 때가 아니다." "학술서로 내는 게 더 좋지 않았을까?" "학계에 계속 있으려면……." 괜한 말을 들을 것 같아 책을 쓴다고 말하지 않은 적도 왕왕 있다. 이제야 정년직 신분으로 가는 징검다리 시기인 박사 후 연구원 3년 차에 접어든 나는 불확실함으로 가득 찬 생활 속에서 앞으로의 진로와 연구에 대한 고민에 꽤 자주 사로잡혔다.

나의 불안에 대한 답은 언제나처럼 현장에 있었다. 불매운동 캠페인 현장의 일을 공유해 준 활동가와의 인터뷰는 대화를 나누는 동안 최근 가습기살균제 운동 진영의 상황과 전망까지 주제가 확장되었다.

내가 만난 이들은 공통적으로 최근 1~2년 사이에 동력이 많이 사라졌다고 했다. 사참위의 활동은 뚜렷한 성과 없이 종료되었고, 가습기살균제 피해구제를 위한 조정위원회의 조정안도 기업과 피해자 단체의 참여 거부로 난항을 겪고 있다. 2021년 초 형사재판 무죄 판결 이후 진행되는 항소심 공판에서도 같은 이야기가 반복되고 있었다. 이따금 가습기살균제 참사와 관련한 내용이 언론에 보도되지만, 대중과 사회의 관심은 예전 같지 않다. 짧게는 8년, 길게는 13년 동안 관련 행동에 참여해 온 활동가들도 앞으로 무엇을 어떻게 해야 할지, 이 상황이 어떻게 바뀔지를 쉽게 말하지 못했다.

모르겠어요. 이게 참 웃기는데, 제가 삼십몇 년이나 이렇게 그야말로 전업 활동가로 있으면서 연말 연초면 올해는 이랬다라고 나름대로 평가〔를 해요.〕 내년은 이러이러한 정세 속에서 이러이러한 문제들이 이렇게 될 거면…… 총선이 있고, 대선이 있고, 그러니 그때 이것을 정책화시키고 이슈화시키고.

되든 안 되든 그런 나름대로의 평가와 계획을 끊임없이 해가면서〔활동을〕하는 거거든요. 나름대로는 이렇게 조직적이고 논리적이고 계획적인 운동을〔합니다.〕사회를 좋게 바꾼다고 하면서 아무런 기획도 없이 무조건 그냥 하지는 않거든요. 근데 가습기살균제는 그러지 못했어요. 단 한 번도 올해 이렇게〔되리라는〕예상이 안 돼. 아무것도 예상이 안 가고 그냥 맨땅에 가서 부딪히는 거였어요. 저는 내년도 마찬가지로 별로 예상이 안 돼요.[8]

다른 운동과 달리 가습기살균제 운동은 단 한 번도 예측하지 못했다는 말. 이는 가습기살균제 문제가 우리 사회가 정말로 처음 겪는 일이자, 과학과 정치가 너무나도 복잡하게 얽혀 있는 재난이었음을 방증하는 게 아닐까?

나는 이 책을 쓰면서 가습기살균제 참사라는 사회적 재난을 글로 옮기고 함께 이야기하고 싶었다. 예측 불가의 상황에서도 늘 목소리를 내는 활동가의 모습에서 나도 지금 내가 할 수 있는 일을 해야겠다는 용기를 다시 얻었다. 거창한 목표는 없

---

8   최예용 소장 인터뷰, 2022년 12월 30일.

다. 그저 2019년부터 읽은 논문과 보고서, 기사, 참고 문헌들과 현장에서 만난 전문가, 피해자 사이에서 내가 전할 수 있는 고민과 질문이 있다는 걸 알기에 손을 들고 나의 이야기를 말해 보는 것이다. 누군가 왜 굳이 책을 써야 하는지 묻는다면 지금이 바로 이 이야기가 세상에 필요한 시점이기 때문이라고 답하겠다.

참고 문헌

Bruno Latour, *The Pasteurization of France*(Cambridge, MA: Harvard University Press, 1988).

Corburn, J., *Street Science: Community Knowledge and Environmental Health Justice*(Cambridge, MA: MIT Press, 2005).

Fortun, K., *Advocacy after Bhopal: Environmentalism, Disaster, New Global Orders*(Chicago: University of Chicago Press, 2001).

Jasanoff, S., *The Fifth Branch: Science Advisers as Policymakers*(Cambridge: Harvard University Press, 1990).

_____, *Science at the Bar: Law, Science, and Technology in America*(Cambridge: Harvard University Press, 1995).

Karin Knorr-Cetina & Michael Mulkay(eds.), *Science Observed: Perspectives on the Social Study of Science*(Los Angeles: Sage, 1983).

Michaels, D., *Doubt is Their Product: How Industry's As-*

sault on Science Threatens Your Health(New York: Oxford University Press, 2008); 데이비드 마이클스, 이홍상 옮김, 『청부과학』(이마고, 2009).

Murphy, M., Sick Building Syndrome and the Problem of Uncertainty: Environmental Politics, Technoscience, and Women Workers(Durham: Duke University Press, 2006).

Oreskes, N. & E. M. Conway, Merchants of Doubt: How a Handful of Scientists Obscured the Truth on Issues from Tobacco Smoke to Global Warming(New York: Bloomsbury Press, 2010); 나오미 오레스케스·에릭 M. 콘웨이, 유강은 옮김, 『의혹을 팝니다』(미지북스, 2012).

Rob Nixon, Slow Violence and the Environmentalism of the Poor(Cambridge: Harvard University Press, 2011); 닉슨 롭, 김홍옥 옮김, 『느린 폭력과 빈자의 환경주의』(에코리브르, 2020).

Sellers, C. C., Hazards of the Job: from Industrial Disease to Environmental Health Science(Chapel Hill: University of North Carolina Press, 1997).

U. Felt, R. Fouche, C. A. Miller, & L. Smith-Doerr(eds.), The Handbook of Science and Technology Studies(4th ed)(Cambridge: The MIT Press, 2017).

가습기살균제사건과 4·16세월호참사 특별조사위원회, 『가습기살균제참사 종합보고서』(2022).

_____, 『우리 곁에서 일어나고 있는 일』(2019).

보건복지부 질병관리본부 폐손상조사위원회, 『가습기살균제 건강피해 사건 백서』(2014).

가습기살균제 피해자들, 『내 몸이 증거다』(스토리플래너, 2021).

김세희, 『가만한 나날』(민음사, 2019).

김승섭, 『아픔이 길이 되려면』(동아시아, 2017).

_____, 『우리 몸이 세계라면』(동아시아, 2018).

_____, 『미래의 피해자들은 이겼다』(난다, 2022).

김연화·성한아·임소연·장하원, 『겸손한 목격자들』(에디토리얼, 2022).

김종영, 『지민의 탄생』(휴머니스트, 2017).

데이비드 헤스, 김동광·김명진 옮김, 『언던 사이언스』(돌베개, 2020).

레이첼 카슨, 김은령 옮김, 『침묵의 봄』(개정판)(에코리브르, 2011).

리베카 솔닛, 정해영 옮김, 『이 폐허를 응시하라』(펜타그램, 2012).

로르 누알라, 곽성혜 옮김, 『지구 걱정에 잠 못 드는 이들에게』(헤엄출판사, 2023).

박동수, 『철학책 독서 모임』(민음사, 2022).

박상은, 『세월호, 우리가 묻지 못한 것』(진실의힘, 2022).

브뤼노 라투르, 박범순 옮김, 『지구와 충돌하지 않고 착륙하는 방법』(이음, 2021).

_____, 김예령 옮김, 『나는 어디에 있는가?』(이음, 2021).

브뤼노 라투르·니콜라이 슐츠, 이규현 옮김, 『녹색 계급의 출현』(이음, 2022).

손영옥, 『내 논문을 대중서로』(푸른역사, 2022).

스베틀라나 알렉시예비치, 김은혜 옮김, 『체르노빌의 목소리』

(새잎, 2011).

실라 재서노프, 김명진 옮김, 『테크놀로지의 정치』(창비, 2022).

에릭 클라이넨버그, 홍경탁 옮김, 『폭염 사회』(글항아리, 2018).

울리히 벡, 박미애·이진우 옮김, 『글로벌 위험사회』(길, 2010).

이반 일리치·어빙 케네스 졸라·존 맥나이트·할리 셰이큰·조
    너선 캐플런, 신수열 옮김, 『전문가들의 사회』(사월의책,
    2015).

이보라, 『법 짓는 마음』(유유, 2023).

임소연, 『신비롭지 않은 여자들』(민음사, 2022).

전치형, 『사람의 자리』(이음, 2021).

전현우, 『납치된 도시에서 길찾기』(민음사, 2022).

정세랑, 『피프티 피플』(창비, 2016).

조무원, 『우리를 바꾸는 우리』(민음사, 2022).

찰스 페로, 김태훈 옮김, 『무엇이 재앙을 만드는가』(알에이치코
    리아, 2013).

현재환, 『언던 사이언스』(뜨인돌, 2015).

재난에 맞서는 과학
오늘의 과학 탐구

1판 1쇄 찍음 2023년 11월 20일
1판 1쇄 펴냄 2023년 12월 8일

지은이 박진영
발행인 박근섭, 박상준
펴낸곳 ㈜민음사

출판등록 1966. 5. 19. (제 16-490호)
서울특별시 강남구 도산대로1길 62(신사동)
강남출판문화센터 5층(우편번호 06027)
대표전화 02-515-2000
팩시밀리 02-515-2007
www.minumsa.com

ⓒ 박진영, 2023. Printed in Seoul, Korea

978-89-374-9215-0 04300
978-89-374-9200-6 세트